圖解

五南圖書出版公司 印行

無母數分析

陳耀茂 / 編著

閱讀文字

理解內容

觀看圖表

圖解讓
無母數分析
更簡單

序言

　　有母數統計資料是根據從中採取樣本之母體分布的假設。而無母數統計資料不是根據假設，亦即，可以從不遵循特定分布的樣本中蒐集資料。例如，Student's t-test 為常見的有母數統計資料。又如，Mann-Whitney-Wilcoxon (MWW) 檢定或 Wilcoxon 檢定則為常見的無母數統計資料。

　　無母數統計學（Nonparametric statistics），或稱非母數統計學、無母數統計分析，是統計學的一個分支，適用於母體分布情況未明、小樣本、母體分布不為常態也不易轉換為常態。特點在於儘量減少或不修改其建立之模型，較具穩健特性；在樣本數不大時，計算過程較簡單。

　　無母數統計推論時所使用的統計量的抽樣分配通常與母體分配無關，不必推論其中位數、適合度、獨立性、隨機性，更廣義的說，無母數統計又稱為「不受分布限制統計法」（Distribution free）。無母數統計缺乏一般之機率表。檢定時是以等級（Rank）為主要統計量。

　　在學習統計方法處理問題時，首先讓人感到困擾的是：
　　「此數據要選擇哪種的統計處理方法好呢？」
　　「要如何輸入數據，有無明確的輸入步驟？」
　　「輸入後，在進行統計處理時，有無明確的處理步驟？」
　　此煩惱利用圖解的方式即可迎刃而解。
　　最後讓人感到困擾的是：
　　「結果要如何判讀？」
　　此煩惱只要看本書的解說，即可將「霧煞煞」一掃而光。
　　本書的特徵有以下四項：
　　1. 只要看數據類型，統計處理方法一清二楚。
　　2. 利用圖解，數據的輸入與其步驟，清晰明確。
　　3. 利用圖解，統計處理的方法與其步驟，一目了然。
　　4. 輸出結果的判讀方法簡明易懂。

總之，只要利用滑鼠，任何人均可簡單進行數據的統計處理。

最後，讓你在操作中得到使用的滿足感，並希望對你的分析有所助益。

陳耀茂

東海大學企管系

CONTENTS 目錄

序言

第 1 章
無母數分析法簡介

本章內容

1.1 無母數檢定簡介

　　所謂無母數檢定是不使用「有關母體分配之前提（＝常態分配）」，或「母平均 μ 或母變異數 σ^2 之母數」之假設檢定。

　　因為不使用母數所以取名為「無母數檢定」。

　　也因不需要有關母體分配之前提，所以也稱為無分配之檢定「**Distribution-free test**」。

表 1.1　有母數分析方法 vs. 無母數分析方法

定義：	1. 有母數分析方法（檢定）： 　一般假設母群體為常態分布以進行檢定的方式，如 t 檢定、變異數分析、線性迴歸、Pearson 相關係數等皆屬之。 2. 無母數分析方法（檢定）： 　無法符合有母數分析所設計的方法： 　常使用符號（正負）或等級（大小順序）取代測量數值，或使用各分類的次數以進行統計分析。 　適用於類別、序位尺度資料分析與資料分布未知的情況。
利弊：	1. 無母數分析方法優點： 　(1) 母群體分布未知或非常態分配，或是樣本數不夠大時皆可使用。是無母數分析方法的最大優點。 　(2) 計算簡單且快速。 　(3) 雖然在母群實際上為常態分配時，較有母數分析方法不易得到顯著結果；但在母群體非常態分配時，無母數分析方法之檢定力較有母數分析方法高。 2. 無母數分析方法缺點： 　(1) 只使用資料的符號、等級等特性，浪費了數值之集中趨勢、分散性及分布所提供的資訊。 　(2) 針對常態分布資料如果仍進行無母數分析，將使檢定力降低。 　當欲檢定的資料不符合有母數分析法之假設前提時，才建議使用無母數分析法，為一種互補的統計方法，而非用於取代有母數分析法。

　　與無母數檢定相對，利用母體常態性之檢定稱為「有母數檢定」。

　　有母數檢定之代表，也可以說是 t 檢定。

　　譬如，母平均檢定（＝ t 檢定）即為如下。

常態母體 N (μ, σ^2)

樣本
$\{x_1, x_2, \cdots, x_N\}$

假設 $H_0 : \mu = \mu_0$

⟹

計算檢定統計量
$$T = \frac{\bar{x} - \mu_0}{\sqrt{\dfrac{s^2}{N}}}$$

檢定統計量的分配
= 自由度 N-1 的 t 分配

$\dfrac{a}{2} = 0.025$　　　　　$\dfrac{a}{2} = 0.025$

否定域　　　　　否定域

Tea Break

　　當使用無母數統計推論時，所使用的統計量抽樣分配通常與母體分配無關，不必推論其中位數、適合度、獨立性、隨機性，更廣義的說，無母數統計又稱為「不受分配限制的統計法」（Distribution free）。無母數統計缺乏一般之機率表。檢定時是以等級（Rank）為主要統計量。

表 1.2　無母數檢定與有母數檢定的對應

無母數檢定		有母數檢定
◎ Wilcoxon 等級和檢定 　（=Mann Whitney 檢定）	◀━━▶	兩個母體平均差的檢定
◎ Wilcoxon 符號等級檢定	◀━━▶	有對應的母體平均差的檢定
◎ Kruskal-Wallis 檢定	◀━━▶	單因子變異數分析
◎ Friedman 檢定	◀━━▶	重複測量的單因子變異數分析
◎ Steel-Dwass 檢定	◀━━▶	Tukey 檢定
◎ Steel 檢定	◀━━▶	Dunnett 的多重比較

 Tea Break

等級和也稱為順位和。英文稱為 Rank sum。

■ 無母數檢定的重點：

　　進行檢定時需要有「否定域」。此否定域可從「檢定統計量」求出。並且，此檢定統計量的分配是從「母體服從常態分配」之前提所導出。

　　可是，無母數檢定對母體的分配並未設定任何前提。

　　那麼，無母數檢定的情形「檢定統計量的分配是來自於何處呢？」

　　那麼就靜待以下說明吧！

 Tea Break

中文名稱：	Wilcoxon 等級和檢定
英文名稱：	Wilcoxon rank sum test
定義：	用於檢定兩母體統計量（中位數）差異，但不需母體為常態分配及變異數相同之假設前提。 檢定方法： 將兩樣本資料混合，依數值由小排到大並標記等級分數， 再將等級分數依兩樣本分別列出，分開加總兩樣本之等級分數得 R_1、R_2。 檢定 R_1、R_2 與期望值差異情形以推測兩母體統計量之差異。
補充：	Wilcoxon 等級和檢定各組樣本數至少要 6 以上。 Wilcoxon 等級和檢定與有母數分析法中兩獨立樣本 t 檢定的使用情況相似。

1.2 Wilcoxon 等級和檢定解說

假設檢定中最重要的事項是「檢定統計量的分配與否定域」。

當母體服從常態分配時，檢定統計量的分配可成為 t 分配或 F 分配，所以可以求出此否定域。

可是，當母體的分配不知道時，要如何才可以求出檢定統計量的分配與它的否定域呢？

事實上，利用等級（順位）的組合，即可求出檢定統計量的分配。

譬如，等級假定是從 1 位到 7 位。因此，從 1 位到 7 位之中：

{1 位，2 位，3 位，4 位，5 位，6 位，7 位}，從中取出三個等級，試求其等級和看看。

於是，求出如下的等級和分配。

表 1.3　等級和的分配

等級和	6	7	8	9	10	11	12	13	14	15	16	17	18	計
組數	1	1	2	3	4	4	5	4	4	3	2	1	1	35
機率	$\frac{1}{35}$	$\frac{1}{35}$	$\frac{2}{35}$	$\frac{3}{35}$	$\frac{4}{35}$	$\frac{4}{35}$	$\frac{5}{35}$	$\frac{4}{35}$	$\frac{4}{35}$	$\frac{3}{35}$	$\frac{2}{35}$	$\frac{1}{35}$	$\frac{1}{35}$	1

此分配的圖形如下。

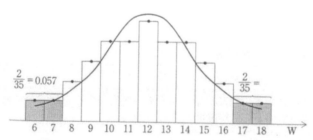

圖 1.1　Wilcoxon 等級和檢定統計量的分配

譬如，像以下的數據，

表 1.4　數據給與時

組 A	3840	3300	2930	3540
組 B	3280	2550	2840	

將此兩組數據合在一起設定等級時：

表 1.5　對數據設定等級

順 位	1 位	2 位	3 位	4 位	5 位	6 位	7 位
組 A			2930		3300	3540	3840
組 B	2550	2840		3280			

如求組 B 的等級和 W 時：

W = 1 + 2 + 4 = 7

此等級和 W= 7 即為 Wilcoxon 等級和檢定的檢定統計量。

 Tea Break

Wilcoxon 符號檢定（或符號檢定）的使用時機相當於單一樣本 t 檢定（One sample t test）與成對樣本 t 檢定（Paired t-test）。

	單一樣本	獨立兩樣本 （2 groups）	成對兩樣本 （2 repeats）	獨立多組 （≥ 3 groups）
二元變數		Chi-squared test or Fisher's exact test	McNemar's test	Chi-squared test
常態連續變數	One sample t test	Independent sample t test	Paired t-test	One-way ANOVA
非常態連續變數	Wilcoxon signed rank test or singed test	Mann-Whitney U test (Wilcoxon rank-sum test)	Wilcoxon signed rank test or signed test	Kruskal-Wallis test
次序變數	Wilcoxon signed rank test or signed test	Mann-Whitncy U test (Wilcoxon rank-sum test)	Wilcoxon signed rank test or signed test	Kruskal-Wallis test

1.3 Wilcoxon符號檢定解說

使用符號檢定（Sign test）的檢定統計量是使用一組樣本，而且對於抽樣的所有觀測值只由正號或負號表示與中位數的關係，圖一的例子表示兩組比較的差異都是五個正號（D = 5），但是數值的差異卻被忽略了。換句話說，就是只考慮方向，而未考慮數值大小的統計方法。而 Wilcoxon 符號檢定則加以修正，除了保留符號檢定的正負號外，也將觀測值數值大小的等級（Rank）加入統計量的計算，因此檢定力（Power）較符號檢定來得強。

例如表 1.6 為某品牌兩款電腦 A、B 於各據點的銷售情況，欲檢定是否 B 款式較 A 款式受消費者喜愛。Wilcoxon 符號檢定首先計算差值，若差值相同則捨棄該筆資料；接著以差值的數值（不考慮正負）標明等級，若等級相同（稱為等級同值，Tie）則取平均等級值（例如兩筆差值同為 20，原本等級為 9、10，修正為 9.5、9.5；三筆差值皆為 15，原本等級為 6、7、8，則修正為 7、7、7）；最後加上符號並加總等級，整理表格如表 1.6。

表 1.6　兩款電腦的銷售情況

據點	A（支）	B（支）	A‑B（支）	符號	符號排序	
1	1339	1426	-87	-		-4
2	1208	785	423	+	10	
3	1076	845	231	+	8	
4	689	346	343	+	9	
5	982	799	183	+	7	
6	1001	843	158	+	6	
7	924	920	4	+	1	
8	779	681	98	+	5	
9	631	90	541	+	12	
10	782	1272	-490	-		-11
11	118	62	56	+	2	
12	100	169	-69			-3
				總和	60	-18

假設 $\alpha = 0.05$ 的單尾檢定，虛無假設及對立假設分別為下：

H_0：$M_A = M_B$，Ha：$M_A > M_B$

其中 M_A 與 M_B 分別為 A 款式與 B 款式電腦銷售量的中位數。假設 T 為正等級和及負等級和中的最小值，用以下式子表示：

$$T = \min\{|\text{正等級和}|, |\text{負等級和}|\}$$

當樣本數 $n \geq 20$，使用檢定統計量 Z 如下：

$$Z = \frac{(|T - E(T)|)}{\sqrt{V(T)}} \tag{1}$$

若樣本數過小（$n < 20$），則對檢定統計量進行連續性修正：

$$Z = \frac{(|T - E(T)|) - \frac{1}{2}}{\sqrt{V(T)}} \tag{2}$$

而 T 值的期望值及變異數分別如下：

$$E(T) = (1 + 2 + \cdots + n) = n(n + 1)/4$$

$$V(T) = \frac{1}{2}(1^2 + 2^2 + \cdots + n^2) = n(n + 1)(2n + 1)/24$$

由例子中的數據可得：

$$T = \min\{60, 18\} = 18, \quad E(T) = 39, V(T) = 161.5$$

使用公式 (2) 計算檢定統計量得 $Z = 1.61$

查標準常態機率表 Z，得 $\alpha = 0.05$ 的 Z 值為 1.65，其值大於 1.61，因此無法拒絕 H_0，表示此抽樣資料顯示消費者對兩款電腦的喜惡程度相同或無特別偏好。以直覺而言，A 電腦於多個據點銷量都較 B 電腦好，但是由於樣本數過小，符號檢定和 Wilcoxon 符號檢定的結果都無法得到顯著的結果，然而 Wilcoxon 符號檢定的結果較接近否定域。

Tea Break

　　「Wilcoxon 符號等級檢定」之基本原理很容易懂，因為若 x1 顯著大於 x2，則 x1-x2 的結果，應該大部分是正值，所以將 |x1-x2| 排序之後，排序在前面的應該比較多；反之，應該得到很平均的排序結果。分別將正 / 負的序數加總（去掉 = 0 的那些成對樣本），得 W+ 和 W-，再利用 z 分配進行檢定。

　　這個檢定適用於「『實驗前後』表現比較的典型檢定方式」（屬不獨立樣本；如果是隨機指定之「實驗組」（Treatment Group）和「對照組」（Control group），則應該用「Wilcoxon 等級和檢定」。

1.4 Kruskal-Wallis 檢定解說

Kruskal-Wallis 檢定，是將單因子變異數分析換成無母數的手法。

與 Wilcoxon 等級和檢定一樣，將資料換成等級，即可進行差的檢定。譬如，像以下作法。

表 1.7　數據已知時

	數據
組 A	11. 2　　18.2　　18.8
組 B	14.6　　　　20.5　　21.2
組 C	19.5　　20.8　　26.3　　26.4

表 1.8　數據設定等級

		等級和
組 A	11.2　　18.2　18.8	8
組 B	14.6　　　　20.5　　21.2	16
組 C	19.5　　20.8　　26.3　　26.4	31

此時，檢定統計量 T 為：

$$T = \frac{12}{10(10+1)}\left\{3 \cdot \left(\frac{8}{3} - \frac{10+1}{2}\right)^2 + 3\left(\frac{16}{3} - \frac{10+1}{2}\right)^2 + 4\left(\frac{31}{4} - \frac{10+1}{2}\right)^2\right\}$$

$$= 4.845$$

Kruskal-Wallis 檢定統計量的否定域，由下表提供。

(3, 3, 4)	
KW_0	P
4.700	0.101
4.709	0.092
4.818	0.085
4.846	0.081
5.000	0.074
5.064	0.070
5.109	0.068
5.254	0.064
5.436	0.062
5.500	0.056
5.573	0.053
5.727	0.050
5.741	0.046

　　當資料數甚多時，此檢定統計量近似卡方分配，但仍然利用統計解析 SPSS 較為安全。

 Tea Break

　　SPSS 中有 Exact test 的強力模組，常在數據數少的醫學、齒學、藥學的領域中使用。

1.5 Steel–Dwass 多重比較解說

是否有對應 Tukey 多重比較的無母數多重比較呢？

有的！

那就是 Steel–Dwass 的檢定，步驟如下。

■ Steel–Dwass的檢定步驟

步驟 1 數據假定得出如下。

表 1.9

組 A	組 B	組 C
48	102	84
65	98	106
87	83	72
62	117	99
55	126	100

步驟 2 將組 A 與組 B 合在一起設定等級，求出組 A 的等級和 RAB。

組 A	組 B
48	102
65	98
87	83
62	117
55	126

⇒

組 A	組 B
1	8
4	7
6	5
3	9
2	10
16	

等級和 RAB

其次，將組 A 與組 C 合在一起設定等級，求出組 A 的等級和 RAC。

組 A	組 C
48	84
65	106
87	72
62	99
55	100

⇒

組 A	組 C
1	6
4	10
7	5
3	8
2	9
17	

等級和 RAC

最後，將組 B 與組 C 合在一起設定等級，求出組 B 的等級和 RBC。

組 B	組 C
102	84
98	106
83	72
117	99
126	100

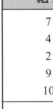

組 B	組 C
7	3
4	8
2	1
9	5
10	6
32	

等級和 RBC

步驟 3　計算以下的統計量

$$E = \frac{5(2 \times 5 + 1)}{2} \quad \longleftarrow \quad \frac{n(2n+1)}{2}$$
$$= 27.5$$

$$V = \frac{5^2 \times (2 \times 5 + 1)}{12} \quad \longleftarrow \quad \frac{n^2(2n+1)}{12}$$
$$= 22.91667$$

步驟 4　計算各組合中的檢定統計量。

● 組 A 與組 B 的檢定統計量 TAB

$$TAB = \frac{RAB - E}{\sqrt{V}} = \frac{16 - 27.5}{\sqrt{22.91667}} = -2.40227$$

● 組 A 與組 C 的檢定統計量 TAC

$$TAC = \frac{RAC - E}{\sqrt{V}} = \frac{17 - 27.5}{\sqrt{22.91667}} = -2.19338$$

● 組 B 與組 C 的檢定統計量 TBC

$$TBC = \frac{RBC - E}{\sqrt{V}} = \frac{32 - 27.5}{\sqrt{22.91667}} = -0.940019$$

 Tea Break

數據數依組而有所不同，或有同等級時，此統計量也會改變。

步驟 5　比較檢定統計量與否定界限。

- 組 A 與組 B 的比較

當 $|TAB| \geq \dfrac{q(a,\infty;0.05)}{\sqrt{2}}$ 時，A 與 B 之間有差異。

因 $|-2.40227| \geq \dfrac{q(3,\infty;0.05)}{\sqrt{2}} = 2.3437$，所以有差異。

- 組 A 與組 C 之比較

當 $|TAC| \geq \dfrac{q(a,\infty;0.05)}{\sqrt{2}}$ 時，A 與 C 之間有差異。

因 $|-2.19338| < \dfrac{q(3,\infty;0.05)}{\sqrt{2}} = 2.3437$，不能說有差異。

- 組 B 與組 C 之比較

當 $|TBC| \geq \dfrac{q(a,\infty;0.05)}{\sqrt{2}}$ 時，B 與 C 之間有差異。

因 $|0.940019| < \dfrac{q(3,\infty;0.05)}{\sqrt{2}} = 2.3437$，不能說有差異。

其中，$q(a,\infty;0.05)$ 可由以下數字中求出。

標準距分配的上側 5% 點

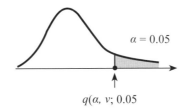

$q(\alpha, v; 0.05$

v \ a	2	3	4	5	6	7	8	9
2	6.085	8.331	9.798	10.881	11.784	12.434	13.027	13.538
3	4.501	5.910	6.825	7.502	8.037	8.478	8.852	9.177
4	3.927	5.040	5.757	6.287	6.706	7.053	7.347	7.602
5	3.635	4.602	5.218	5.673	6.033	6.330	6.582	6.801
6	3.460	4.339	4.896	5.305	5.629	5.895	6.122	6.319
7	3.344	4.165	4.681	5.060	5.369	5.605	5.814	5.996
8	3.261	4.041	4.529	4.886	5.167	5.399	5.596	5.766
9	3.199	3.948	4.415	4.755	5.023	5.244	5.432	5.594
10	3.151	3.877	4.327	4.654	4.912	5.124	5.304	5.460
11	3.113	3.820	4.256	4.574	4.823	5.028	5.202	5.353
12	3.081	3.773	4.199	4.508	4.750	4.949	5.118	5.265
13	3.055	3.734	4.151	4.453	4.690	4.884	5.049	5.192
14	3.033	3.701	4.111	4.407	4.639	4.829	4.990	5.130
15	3.014	3.673	4.076	4.367	4.595	4.782	4.940	5.077
16	2.998	3.649	4.046	4.333	4.557	4.741	4.896	5.031
17	2.984	3.628	4.020	4.303	4.524	4.705	4.858	4.991
18	2.971	3.609	3.997	4.276	4.494	4.673	4.824	4.955
19	2.960	3.593	3.977	4.253	4.468	4.645	4.794	4.924
20	2.950	3.578	3.958	4.232	4.445	4.620	4.768	4.895
60	2.829	3.399	3.737	3.977	4.163	4.314	4.441	4.550
80	2.814	3.377	3.711	3.947	4.129	4.278	4.402	4.509
100	2.806	3.365	3.695	3.929	4.109	4.256	4.379	4.484
120	2.800	3.356	3.685	3.917	4.096	4.241	4.363	4.468
240	2.786	3.335	3.659	3.887	4.063	4.205	4.324	4.427
360	2.781	3.328	3.650	3.877	4.052	4.193	4.312	4.413
∞	2.772	3.314	3.633	3.858	4.030	4.170	4.286	4.387

1.6 Steel多重比較解說

對應 Dunnett 的多重比較之無母數檢定，即爲 Steel 檢定。

■ Steel檢定的步驟
步驟 1　數據當作如下。

表 1.10

參照組	實驗組	實驗組
組 A	組 B	組 C
48	102	84
65	98	106
87	83	72
62	117	99
55	126	100

步驟 2　將組 A 與組 B 合在一起設定等級，求出組 A 的等級和 RAB。

組 A	組 B
48	102
65	98
87	83
62	117
55	126

組 A	組 B
1	8
4	7
6	5
3	9
2	10
16	

等級和 RAB

　　　將組 A 與組 C 合在一起設定等級，求出組 A 的等級和 RAC。

組 A	組 C
48	84
65	106
87	72
62	99
55	100

組 A	組 C
1	6
4	10
7	5
3	8
2	9
17	

等級和 RAC

步驟 3　計算以下的統計量。

$$E = \frac{5(2 \times 5 + 1)}{2} \quad \longleftarrow \quad \frac{n(2n+1)}{2}$$
$$= 27.5$$

$$V = \frac{5^2 \times (2 \times 5 + 1)}{12} \quad \longleftarrow \quad \frac{n^2(2n+1)}{12}$$
$$= 22.91667$$

步驟 4　計算檢定統計量
- 組 A 與組 B 的檢定統計量 TAB

$$TAB = \frac{RAB - E}{\sqrt{V}} = \frac{16 - 27.5}{\sqrt{22.91667}} = -2.40227$$

- 組 A 與組 C 的檢定統計量 TAC

$$TAC = \frac{RAC - E}{\sqrt{V}} = \frac{17 - 27.5}{\sqrt{22.91667}} = -2.19338$$

步驟 5　比較檢定統計量與否定界限。

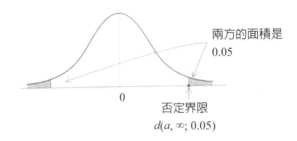

兩方的面積是
0.05

0

否定界限
$d(a, \infty; 0.05)$

- 組 A 與組 B 的比較
  當 $|TAB| \geq d(a, \infty; 0.05)$ 時，A 與 B 之間有差異。
  步驟 4 的檢定統計量是 -1.40227，因為

  $$|TAB| = |-2.40227| \geq d(3, \infty; 0.05) = 2.212$$

  所以，A 與 B 之間有差異。
- 組 A 與組 C 之比較
  當 $|TAC| \geq d(a, \infty; 0.05)$ 時，A 與 C 之間有差異。
  步驟 4 的檢定統計量是 -2.19338，

因 $|TAC| = |-2.19338| < d(3, \infty; 0.05) = 2.212$

所以，A 與 C 之間不能說有差異。

其中，$d(a, \infty; 0.05)$ 可由以下數表中求出。

表 1.11　Dunnett 的雙邊 5% 點

a v	2	3	4	5	6	7	8	9
2	4.303	5.418	6.065	6.513	6.852	7.123	7.349	7.540
3	3.182	3.866	4.263	4.538	4.748	4.916	5.056	5.176
4	2.776	3.310	3.618	3.832	3.994	4.125	4.235	4.328
5	2.571	3.030	3.293	3.476	3.615	3.727	3.821	3.900
6	2.447	2.863	3.099	3.263	3.388	3.489	3.573	3.644
7	2.365	2.752	2.971	3.123	3.239	3.332	3.409	3.476
8	2.306	2.673	2.880	3.023	3.132	3.219	3.292	3.354
9	2.262	2.614	2.812	2.948	3.052	3.135	3.205	3.264
10	2.228	2.568	2.759	2.891	2.990	3.070	3.137	3.194
11	2.201	2.532	2.717	2.845	2.941	3.019	3.084	3.139
12	2.179	2.502	2.683	2.807	2.901	2.977	3.040	3.094
13	2.160	2.478	2.655	2.776	2.868	2.942	3.004	3.056
14	2.145	2.457	2.631	2.750	2.840	2.913	2.973	3.024
15	2.131	2.439	2.610	2.727	2.816	2.887	2.947	2.997
16	2.120	2.424	2.592	2.708	2.796	2.866	2.924	2.974
17	2.110	2.410	2.577	2.691	2.777	2.847	2.904	2.953
18	2.101	2.399	2.563	2.676	2.762	2.830	2.887	2.935
19	2.093	2.388	2.551	2.663	2.747	2.815	2.871	2.919
20	2.086	2.379	2.540	2.651	2.735	2.802	2.857	2.905
60	2.000	2.265	2.410	2.508	2.582	2.642	2.691	2.733
80	1.990	2.252	2.394	2.491	2.564	2.623	2.671	2.712
100	1.984	2.244	2.385	2.481	2.554	2.611	2.659	2.700
120	1.980	2.238	2.379	2.475	2.547	2.604	2.651	2.692
240	1.970	2.235	2.364	2.458	2.529	2.585	2.632	2.672
360	1.967	2.221	2.359	2.453	2.523	2.579	2.626	2.665
∞	1.960	2.212	2.349	2.442	2.511	2.567	2.613	2.652

Note

1.7 Friedman 檢定解說

　　用以檢定 k 組成對樣本是否來自相同母體。當 k 組樣本來自母體且具有相同的水準，則各組樣本的等級和 R_i 相去不遠，如各組樣本的等級和相去甚多時，表示母體不具有相同之水準，故當 χ^2 大時，應拒絕 H_0：k 組母體具有相同的水準。

檢定步驟如下：

步驟 1　將觀測值歸入 k 行（行代表狀況），n 列（列代表樣本組）的表中，按各樣本組排列每一觀測值，從小而大給予從 1 起之等級，加總各狀況的等級和 Ri。

步驟 2　計算統計量：

$$\chi_r^2 = \frac{12}{nk(k+1)} \sum_{i=1}^{k} R_i^2 - 3n(k+1)$$

當 $k = 3$，$n = 2 \sim 9$，或 $k = 4$，$n = 2 \sim 4$ 時，查 Friedman 檢定表得機率值 p，若 $p \le \alpha$，拒絕 H_0（水準一致）。

當 k 及 n 皆超過以上情形，χ_r^2 分配接近卡方分配，若 $\chi_r^2 > \chi_\alpha^2(k-1)$ 時，則拒絕 H_0。

　　以下用示例說明。今訪問 9 位行人對 5 位競選者 A, B, C, D, E 的政見，表示贊成態度的程度如下，試以 $\alpha = 0.05$ 檢定 5 位競選者的政見是否一樣被贊成？其中，5 表示非常贊成，4 表示贊成，3 表示無意見，2 表示不贊成，1 表示非常不贊成。

競選者 行人	A	B	C	D	E
1	3	2	5	4	1
2	2	1	3	5	4
3	1	3	4	5	2
4	3	1	4	5	2
5	3	1	2	5	4
6	3	2	4	5	1
7	5	3	4	2	1
8	2	3	4	5	1
9	5	2	3	4	1

$\begin{cases} H_0：五位競選者的政見一樣被支持。 \\ H_1：五位競選者的政見被贊成的程度不同。 \end{cases}$

$R_1 = 27, R_2 = 18, R_3 = 33, R_4 = 40, R_5 = 17$

$n = 9, k = 5$

$$\chi_r^2 = \frac{12}{9(5)(5+1)}[27^2 + 18^2 + 33^2 + 40^2 + 17^2] - 3(9)(5+1) = 17.16$$

$v = 5 - 1 = 4, \chi_r^2 = 17.16 > \chi_{0.05}^2(4) = 9.49$

由此可知差異顯著，故拒絕 H_0，表示 5 位競選者的政見，其被贊成的程度可能不同。

1.8 Cochran's Q檢定解說

Cochran's Q 檢定是一種檢查三個或更多成對的二元變量（分類數據）其所有變量間的比例是否存在差異的方法。由於檢定方法是 McNemar 檢定的擴展，因此，它也可以用於兩個變量，但在這種情況下，它與 McNemar 檢定是一致的。

■ Cochran's Q的檢定步驟

步驟 1 建立虛無假設 H_0：
母體中每個變量的所有比例都相等。

步驟 2 提出替代假設 H_1：
每個變量在總體中的比例並不完全相等。
＊沒有雙尾或單尾檢定的概念。

步驟 3 計算檢定統計量：

		m 個變數						橫計
		X_1	X_2	:	X_j	:	X_m	橫計
n個各體數	1	1,0	1,0	:	1,0	:	1,0	S_1
	2	1,0	1,0	:	1,0	:	1,0	S_2
	3	1,0	1,0	:	1,0	:	1,0	S_3
	:	:	:	:	:	:	:	:
	i	1,0	1,0	:	1,0	:	1,0	S_i
	:	:	:	:	:	:	:	:
	n	1,0	1,0	:	1,0	:	1,0	S_n
縱計		T_1	T_2	:	T_j	:	T_m	

1,0：1 或 0 的數據

$$檢定統計量 \quad \frac{m(m-1)\sum_{j=1}^{m}(T_j-\overline{T})^2}{m\sum_{i=1}^{n}S_i - \sum_{i=1}^{n}S_i^2}$$

其中，$\overline{T} = \dfrac{\sum_{j=1}^{m}T_j}{m}$。

步驟 4 p 值的計算
若虛無假設為真，檢定統計量則遵循自由度為 m−1 的卡方分配。

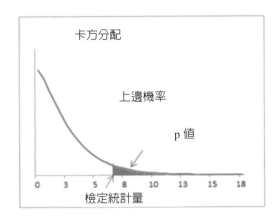

在卡方分配中，橫軸上的值爲檢定統計量的上部區域，又稱爲 p 值。

步驟 5　p 值判斷顯著差異：

若 p 值 < 顯著水準 0.05，則拒絕虛無假設，可以說有顯著差異。

若 p 值 ≥ 顯著水準 0.05，則不能採用替代假設，也不能說存在顯著差異。

* 顯著水準一般爲 0.05，但有時也適用 0.01。

* 重要性判斷也可能如下所示：

p 值 < 0.01 [**] 在 1% 顯著水準上顯著。

0.01 ≦ p 值 < 0.05 [*] 在 5% 顯著性水平上差異顯著。

p- 值 ≥ 0.05 [ ] 不能說有顯著差異。

使用以下數據說明。這些由七位商務人士提出關於是否願意前往以下四個國家（地區）的答案。

回答者	夏威夷	台灣	義大利	韓國
1	Yes	No	Yes	Yes
2	Yes	No	Yes	Yes
3	No	No	No	Yes
4	Yes	No	No	Yes
5	Yes	Yes	Yes	Yes
6	Yes	No	Yes	No
7	No	No	No	Yes

　　虛無假設是「四個國家的旅遊熱度沒有差異」，替代假設是「四個國家的旅遊熱度有差異」。

　　顯著水準 $\alpha = 0.05$。

　　建立一個如下表所示的表格，來查找檢定統計量和 p 值。（夏威夷→ A，台灣→ B，義大利→ C，韓國→ D）。

	A	B	C	D	E	F	G	H	I	J	K	L
1												
2		No.	A	B	C	D	S	S^2		k	4	
3		1	1	0	1	1	3	9		r̄	4	
4		2	1	0	1	1	3	9		Q	8.4	
5		3	0	0	0	1	1	1		p	0.038429	
6		4	1	0	0	1	2	4				
7		5	1	1	1	1	4	16				
8		6	1	0	1	0	2	4				
9		7	0	0	0	1	1	1				
10		T	5	1	4	6	16	44				
11												

　　每個儲存格的輸入公式如下。

- C10：=SUM(C3：C9)
- G10：=SUM(C3：C3)
- G10：=SUM(G3：G9)
- H3：=G3^2
- H10：=SUM(H3：H9)
- K3：=(C10+D10+E10+F10)/K2
- K4：=(K2*(K2-1)*((C10-K3)^2+(D10-K3)^2+(E10-K3)^2+(F10-K3)^2))/((K2*G10)-H10)
- K5：=CHIDIST(K4,K2-1)

　　針對計算過程和輸入公式進行說明。

① 建立一個表格，將類別數據轉換為「1」和「0」。
② 求每一列的合計值及合計值的平方。[G3~G9]、[H3~H9]。
　　計算表的每一列合計值，和計算合計值的平方。
③ 計算每一行的合計值 [C10~H10]。
　　從②中得到的值計算每一行的合計值。
④ 計算每組的平均行合計值 [K3]。
　　計算每組的平均行合計值。
　　在 K2 儲存格的 k 中輸入組數（變量個數）。
⑤ 求取檢定統計量 Q[K4]。

計算檢定統計量 Q，檢定統計量可以透過以下公式計算。

$$檢定統計量 = \frac{m(m-1)\sum_{j=1}^{m}(T_j - \overline{T})^2}{m\sum_{i=1}^{n}S_i - \sum_{i=1}^{n}S_i^2}$$

S_i 是 i 列的合計值，T_j 是 j 行的合計值。

⑥ 求 p 值 [K5]。

從檢定統計量中求 p 值。在 Excel 中，您可以使用 CHIDIST 函數來查找卡方分配的 p 值。

CHIDIST 函數的參數：CHIDIST（「檢定統計量」，「自由度」）

自由度可以透過組數減 1 來求得。

在示例中，p 值為 0.0384 小於顯著水準，因此拒絕虛無假設，我們可以得出結論，四個國家之間的旅行受歡迎程度存在差異。

1.9 McNemar檢定解說

　　McNemar 檢定是針對交叉表進行檢定。從交叉表答案結果不同的兩個儲存格中，求取檢定統計量。

　　檢定統計量隨著兩個儲存格值的不同而增加，如果大於卡方分配的極限（上限），則確定樣本比例（不同總體比例）存在差異。

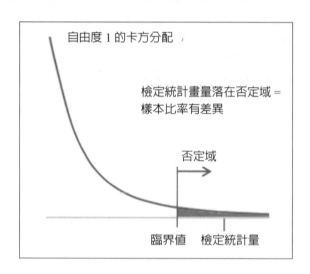

- ■ Steel-Dwass的檢定步驟
- **步驟 1**　製作交叉表：
　　　　　一個有對應關係的 2 x 2 交叉表。
- **步驟 2**　建立假設：
　　　　　虛無假設為「兩個樣本的比例沒有差異」。
　　　　　替代假設為「兩個樣本的比例有差異」。
- **步驟 3**　顯著水準的設定：
　　　　　顯著水準設為 $\alpha = 0.05$ 或 0.01，通常設為 $\alpha = 0.05$。
- **步驟 4**　檢定統計的計算從交叉表中求取檢定統計量。
- **步驟 5**　p 值的計算：
　　　　　根據檢定統計量計算 P 值。
- **步驟 6**　顯著差異判斷：
　　　　　p- 值 < 顯著水準 α，則拒絕虛無假設，採用替代假設「兩個樣本的比值存在差異」。
　　　　　如果 p- 值≥顯著水準 α，則不拒絕虛無假設，亦即「不能說兩個樣本的比例存在差異。」

從以下交叉表中的儲存格求取檢定統計量。檢定統計量可以透過以下公式計算。

		社會人		合計
		Yes	No	合計
學生	Yes	a	b	a + b
	No	c	d	c + d
	合計	a + c	b + d	n

當有未滿 5 的儲存格時，檢定統計量 $= \dfrac{(|b-c|-1)^2}{b+c}$

若為其他情形時，檢定統計量 $= \dfrac{(b-c)^2}{b+c}$

以下使用範例說明。假設我們調查了 50 名社會人士在上學期間和現在的閱讀習慣。如果你每週閱讀超過 30 分鐘，或者如果你這樣做了，回答「是」。

NO	上學期間	社會人士（現在）
1	是	是
2	是	不是
3	不是	是
4	不是	不是

虛無假設是「學生時代和現在的閱讀習慣沒有差異」，替代假設是「學生時代和現在的閱讀習慣存在差異」。

數據輸入 EXCEL 的試算表顯示如下：

		社會人士		
		Yes	No	合計
學生	Yes	12	6	18
	No	17	15	32
	合計	29	21	50

檢定統計量	5.2608696
P 值	0.0218101

在此範例中，因沒有小於 5 的儲存格，因此可以使用以下公式求得檢定統計量。

儲存格 C8 的輸入公式：= (E4-D5)^2/(E4+D5)

根據檢定統計量計算 p 值。由於檢定統計量服從卡方分配，我們可以使用 CHIDIST 函數來找到 p 值。

C9 的輸入公式：=CHIDIST（C8,1）

CHIDIST 函數是回傳一個給定檢定統計量和自由度作為參數的 p 值。一個 2×2 交叉表具有一個自由度。

在範例中，p 值（0.02）小於顯著水準（0.05），因此拒絕虛無假設，我們可以得出結論，上班族在學生時代和現在的閱讀習慣存在差異。

第 2 章
獨立性的檢定

2.1　獨立性檢定

本章內容

2.1 獨立性檢定

使用表 2.1 的數據，利用 SPSS 進行獨立性檢定看看。

【數據類型】

以下的數據是以美國大學生為對象，進行有關出身地與婚前性行為的意見調查。想知道的事情是出生地與婚前性行為的想法之間有無某種關聯。

表 2.1　出身地與婚前性行為

出身地 ＼ 詢問	贊成婚前性行為	沒意見	反對婚前性行為
東部	82 人	121 人	36 人
南部	201 人	373 人	149 人
西部	169 人	141 人	28 人

【數據輸入類型】

以此數據的情形來說，一般而言「交叉累計前的意見調查表」即為原來的數據。

即使將每一張意見調查表當作數據輸入檔案，SPSS 也照樣可以進行獨立性檢定。

換言之，可一面進行交叉累計同時進行獨立性檢定。若數據已蒐集作成交叉摘要表時，須如下輸入數據。

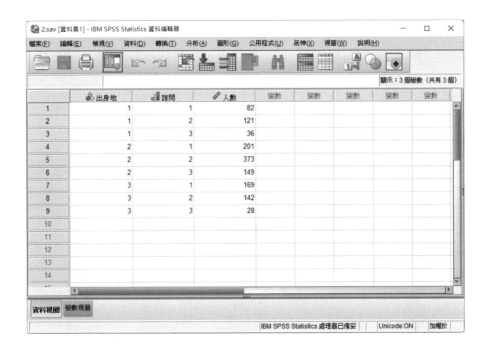

【數據輸入的步驟】

步驟 1　當輸入數據時，要從新製作的畫面出發。首先以滑鼠按一下畫面左下的「變數視圖」。

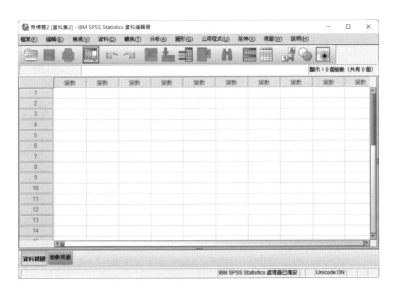

步驟 2　變成「變數視圖」時，在「名稱」的下方輸入「出生地」，按
　　　　Enter。此變數的資料是字串，所以「類型」的地方要從預設的數
　　　　字改成字串。

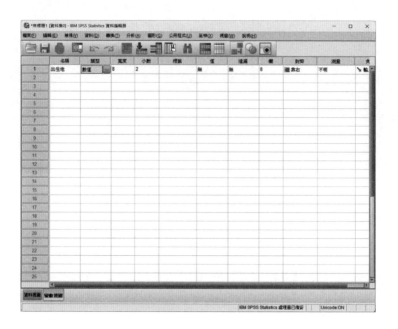

步驟 3　首先，按一下「數字」儲存格旁邊的「…」方框，點選進去後，會
　　　　變成如下的畫面，接著按「字串」，再按下「確定」。

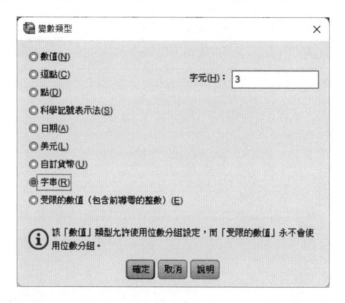

步驟 4　於是回到步驟 2 的畫面，可見「類型」的地方變成如下的字串。

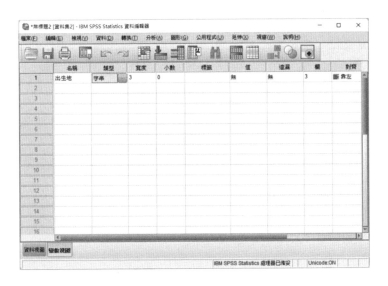

步驟 5　回到「名稱」的地方，將「詢問」輸入第 2 個儲存格。同樣「類型」的地方也要從數字改成字串。

步驟 6　再一次回到「名稱」處，將「人數」輸入到第 3 個儲存格中。

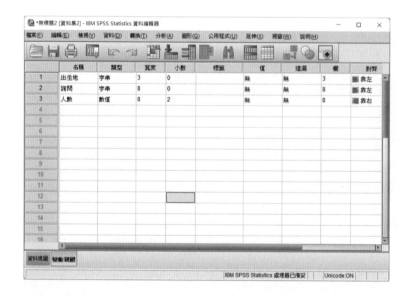

步驟 7　人數的資料由於要輸入數據的個數，所以「小數」位數的地方先使之為 0。然後按一下畫面左下的「資料視圖」。

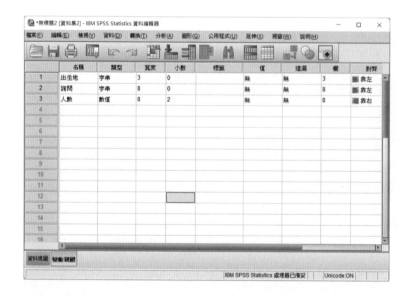

步驟 8　按一下「資料」出現以下清單。點選最下面的「加權觀察值」，此處非常重要。

步驟 9　於是，出現如下的對話框，因之以滑鼠按一下「加權觀察值方式」。

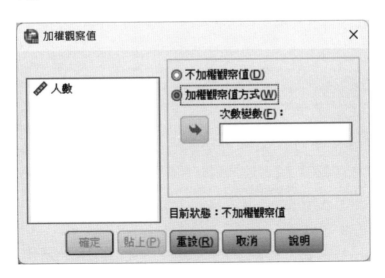

步驟 10 點選「人數」變成藍色之後，按一下 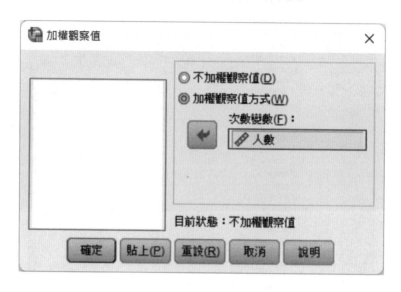 時，如下將「人數」移到「次數變數」下的方框中，接著按「確定」。

步驟 11 再回到步驟 1 的畫面，在出生地與詢問的地方輸入東部、贊成等資料。

步驟 12 最後在「人數」的地方，由上往下依序輸入數字 82,121,36,⋯，如此即告結束。

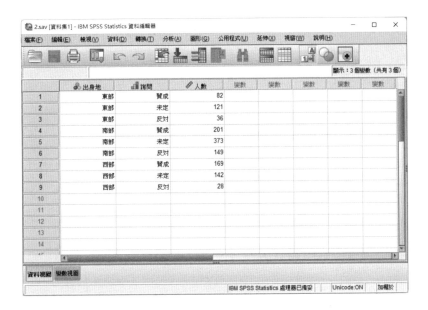

【統計處理的步驟】

步驟 1 統計處理是從上面的狀態欄以滑鼠按一下「分析」開始。步驟如下。

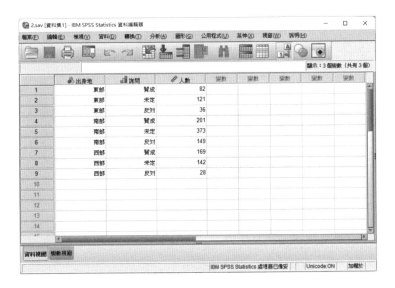

步驟 2　欲進行獨立性檢定時，按一下「敘述統計」，再按「交叉資料表」。

| 檔案(F) | 編輯(E) | 檢視(V) | 資料(D) | 轉換(T) | 分析(A) | 圖形(G) | 公用程式(U) | 延伸(X) | 視窗(W) | 說明(H) |

報告(P)　　　　　▶
敘述統計(E)　　　▶　　🔢 次數分配表(F)...
貝氏統計資料(B)　▶　　📊 敘述統計(D)...
表格(B)　　　　　▶　　🔍 預檢資料(E)...
比較平均數法(M)　▶　　📋 交叉資料表(T)
一般線性模型(G)　▶　　➕ TURF 分析
概化線性模型(Z)　▶　　📊 比例(R)...
混合模型(X)　　　▶　　　P-P 圖...
相關(C)　　　　　▶　　　Q-Q 圖...
迴歸(R)　　　　　▶
對數線性(O)　　　▶
神經網路(W)　　　▶
分類(F)　　　　　▶
維度縮減(D)　　　▶

顯示：3 個變數（共有 3 個）

	👥 出身地	📊 詢問		變數	變數
1	東部	贊			
2	東部	未			
3	東部	反			
4	南部	贊			
5	南部	未			
6	南部	反			
7	西部	贊			
8	西部	未			
9	西部	反			
10					

步驟 3　於是，變成如下的畫面。

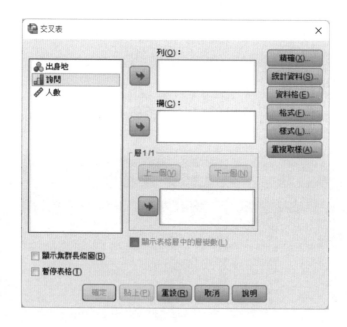

步驟 4　以滑鼠點選「出身地」變色後，按一下「列」左側的 ➡️ ，如圖示將「出身地」移到「列」的方框中。

步驟 5　以相同作法將「詢問」變色之後，按一下「欄」左側的 ➡️ ，同樣將「詢問」移到「欄」的方框中。接著點選右側的「統計資料」。

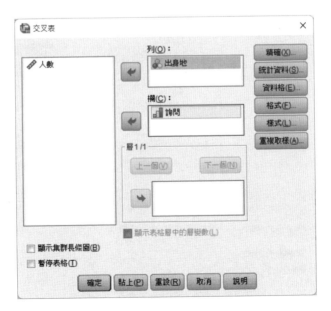

步驟 6 出現「交叉資料表：統計量」的視窗，如下勾選「卡方檢定」，再按「繼續」。

步驟 7 回到以下畫面後，按一下「確定」，即開始統計處理。

【SPSS 輸出】

表 2.1 的獨立性檢定，輸出如下。

出生地 * 詢問 交叉表

個數

		詢問			總和
		反對	未定	贊成	
出生地	西部	28	142	169	339
	東部	36	121	82	239
	南部	149	373	201	723
總和		213	636	452	1301

← ①

卡方檢定

	數值	自由度	漸近顯著性 (雙尾)	
Pearson 卡方	58.748ª	4	.000	← ②
概似比	59.436	4	.000	← ③
有效觀察值的個數	1301			

a. 0格 (.0%) 的預期個數少於 5。 最小的預期個數為 39.13。

【輸出結果的判讀】

① 這是常見的交叉摘要表。

② 獨立性檢定是檢定「假設 H_0：兩個屬性獨立」的手法。在此數據中，兩個屬性即為「出生地」與「詢問的回答」（對婚前性行為的想法）。如觀察 Pearson 卡方時，檢定統計量是 58.748，此時的顯著機率（雙尾）是 0.000。

因此，當顯著水準設為 $\alpha = 0.05$ 時，依據顯著機率 $0.000 < \alpha = 0.05$，則捨棄假設。換言之，學生的出生地與婚前性行為的看法間可知有某種關聯。

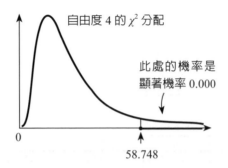

③ 概度比是指

$$\lambda = \frac{在參數空間的部份空間上，其概度函數的最大值}{參數空間上的概度函數其最大值}$$

通常在 $0 \leq \lambda \leq 1$ 之間移動。

對於概度比 λ 而言，$-2 \log \lambda$ 當作概度比檢定的檢定統計量。

Tea Break

（註）使用 Exact test（Option）時，並非求出漸進顯著機率，而是可以求出「精確顯著機率」。

第 3 章
一致性檢定

3.1　一致性檢定

本章內容

3.1 一致性檢定

使用表 3.1 的數據，利用 SPSS 進行一致性檢定（Consistent test）看看。

【數據類型】

以下數據是調查在淡水溼地與關渡溼地賞鳥所得的結果。

表 3.1 淡水溼地與關渡溼地

	千鳥	鷸鳥	鷺鷥
淡水溼地	210 隻	2500 隻	110 隻
關渡溼地	350 隻	3800 隻	230 隻

由此數據想知道的事情是：「在淡水溼地與關渡溼地中，千鳥、鷸、鷺鷥飛來的數量其比例是否相同？」

千鳥	鷸	鷺鷥	
210	：2500	：110	
350	：3800	：230	此比例是否相同？

Tea Break

一致性檢定也稱為同質性檢定或同等性檢定。

【數據輸入類型】

　　此數據的輸入步驟與第 2 章的步驟幾乎完全相同，一面觀察第 2 章的步驟一面輸入看看，應該可以簡單得出。其中應注意的地方是「溼地」與「鳥類」的欄位是輸入「文字」以及「加權」。

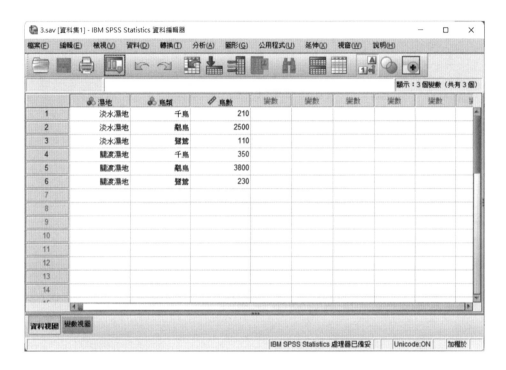

【統計處理的步驟】

步驟 1 統計處理從上面的狀態欄按一下「分析」開始。欲進行一致性檢定時，按下清單之中的「敘述統計」→「交叉資料表」。

步驟 2 出現如下的對話框。

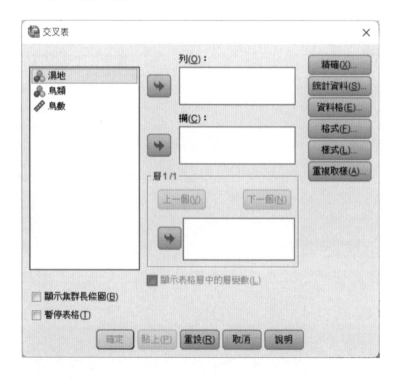

步驟 3　選取「溼地」變成藍色後，按一下「列」左側的 ➡️。接著，將「鳥類」選取後，按下「欄」左側的 ➡️。於是，畫面如下。接著點選右方的「統計資料」。

步驟 4　如下畫面勾選對話框中的「卡方檢定」，再按「繼續」。回到步驟 3 的畫面時，按一下「確定」即告完成。

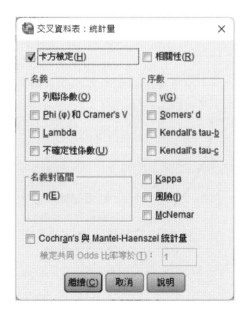

【SPSS 輸出】

表 3.1 的一致性檢定，輸出如下。

溼地 ＊ 鳥類 交叉表

個數

		鳥類			總和
		千鳥	鷺鷥	鷸鳥	
溼地	淡水溼地	210	110	2500	2820
	關渡溼地	350	230	3800	4380
總和		560	340	6300	7200

卡方檢定

	數值	自由度	漸近顯著性(雙尾)	
Pearson卡方	7.982ª	2	.018	
概似比	8.149	2	.017	← ①
有效觀察值的個數	7200			

a. 0格 (.0%) 的預期個數少於 5。 最小的預期個數為 133.17。

【輸出結果的判讀】

① 一致性檢定是檢定以下假設
   「假設 H_0：飛來淡水溼地的千鳥、鷸、鷺鷥的比例
             與飛來關渡溼地的千鳥、鷸、鷺鷥的比例相同」。

觀察輸出結果時，Pearson 卡方檢定統計量是 7.982，此時顯著機率是 0.018。

因此，當顯著水準設為 $\alpha = 0.05$ 時，依據顯著機率 $0.018 < \alpha = 0.05$，則假設被捨棄。換言之，淡水溼地與關渡溼地的三種鳥之比例是不同的。

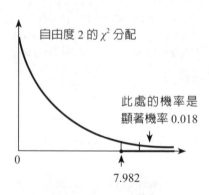

但如果試著如下來想：

飛來淡水溼地的千鳥、鷸、鷺鶯的比例如果相同時，「溼地的屬性」與「鳥類的屬性」之間沒有任何關聯，換言之，「兩個比例相同＝兩個屬性獨立」。

因此，一致性檢定可以想成是獨立性檢定。

此處再舉一例說明有關百分比同質性檢定。

【數據類型】

以下數據是某高中學生輔導室調查 42 名高一學生、46 名高二學生、37 名高三學生有無閱讀過金庸武俠小說的經驗，下表是此項調查的結果，試檢定三個年級的學生讀過武俠小說的人數百分比是否相同。

	高一	高二	高三
有	27	34	28
無	15	12	9

【資料輸入形式】

此數據的輸入步驟與上一題的步驟幾乎完全相同，一面觀察上一題的步驟一面輸入看看，應該可以簡單得出。應注意的地方是「人數」要加權。

經驗	年級	人數
有	高一	27
有	高二	34
有	高三	28
無	高一	15
無	高二	12
無	高三	9

【統計處理的步驟】

步驟 1 進行一致性檢定要自「分析」按「描述性統計資料」，接著再按交叉表。

步驟 2 出現交叉表畫面。

步驟 3 點選「經驗」，按「列」左側的 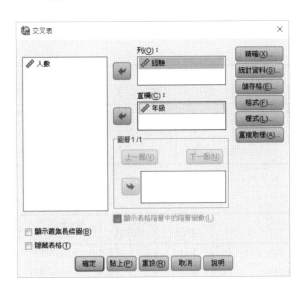。接著，再選「年級」，按「直欄」左側的 ，結果如下圖。接著按右側的「統計資料」。

步驟 4 出現如下畫面，勾選「卡方」，再按「繼續」。回到步驟3的畫面時，按一下「確定」即告完成。

【SPSS 輸出】

表 3.2 的一致性檢定，輸出如下。

經驗 * 年級 交叉表

個數

		年級			總和
		高一	高二	高三	
經驗	有	27	34	28	89
	無	15	12	9	36
總和		42	46	37	125

卡方檢定

	數值	自由度	漸近顯著性(雙尾)	
Pearson卡方	1.506[a]	2	.471	← ①
概似比	1.481	2	.477	
線性對線性的關連	1.277	1	.259	
有效觀察值的個數	125			

a. 0格 (.0%) 的預期個數少於 5。 最小的預期個數為 10.66。

【輸出結果的判讀】

① 一致性檢定是檢定以下假設：
「假設 H_0：閱讀過武俠小說的高一、高二、高三的比率相同」。
觀察輸出結果時，Pearson 卡方檢定統計量是 1.506，此時的顯著機率是 0.471。
若顯著水準設為 $\alpha = 0.05$ 時，依據顯著機率 $0.471 > \alpha = 0.05$，因此不捨棄假設。換言之，閱讀過武俠小說的高一、高二、高三的比率是相同的。

第 4 章
適合度檢定

本章內容

4.1 適合度檢定

使用表 4.1 的數據，利用 SPSS 進行適合度檢定看看。

【數據類型】

以下數據是為了遺傳因子的研究，針對黃果蠅的子孫 1204 隻進行觀察的結果。

表 4.1　黃果蠅的遺傳法則

野性型雌	野性型雄	白眼雄
592 隻	331 隻	281 隻

黃果蠅在理論上可以說是以：

野性型雌：野性型雄：白眼雄＝ 2：1：1 的比例繁衍子孫。

因此，想知道的事情是「理論的比例 2：1：1 與利用實驗的比例 592：331：281」在統計上是否相同。

【數據輸入類型】

此數據與第 3 章的數據非常相似。因此，數據輸入的步驟相同，如參照第 3 章的步驟時，應可安心輸入。

將變數「果蠅數」的類型從「數字」變成「字串」，而「果蠅數」為觀察值加權的依據，故「資料」→「加權觀察值」。

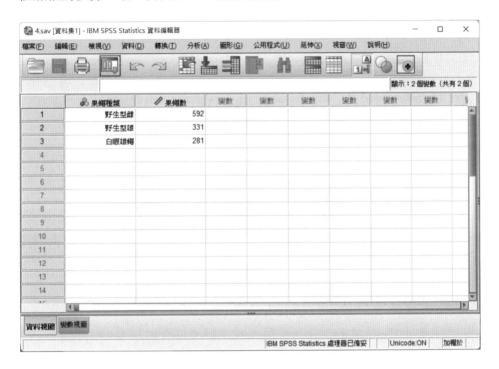

4.2 利用SPSS的統計處理步驟

步驟 1 從上面的狀態欄按一下「分析」開始，欲進行適合度檢定時，選取
「無母數檢定」→「舊式對話框」→「卡方檢定」。

步驟 2 出現如下對話框。

步驟 3　選取「果蠅數」變成藍色之後，按一下 。接著勾選「期望值」方框中的「值」。

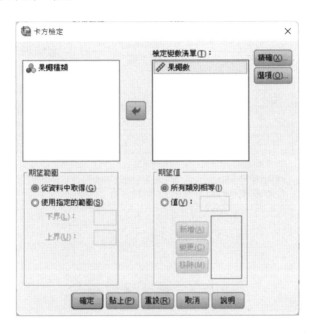

步驟 4　雖期待次數是 2：1：1，但事實上必須以 1：1：2 的順序輸入。因此，首先輸入「1」到「值」的右框中。

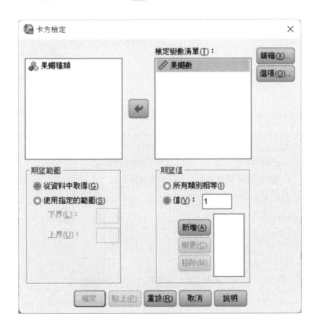

步驟5 接著，按一下「期望值」方框中的「新增」。將「1」移到「新增」的右框中。

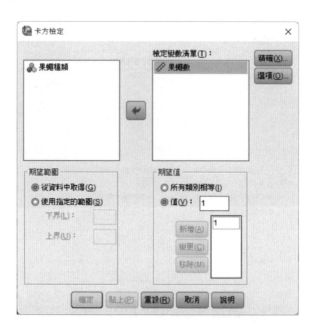

步驟6 同步驟4與5，再輸入「1」到「值」的右框中，按一下「新增」。

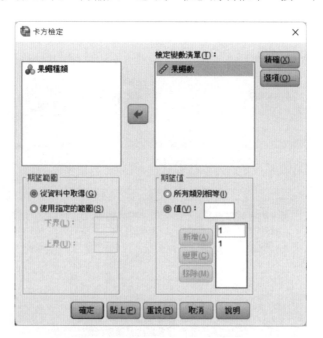

步驟 7 最後以同作法輸入 2 到「值」的右框中，按一下「新增」。如圖示，
縱向變成 1，1，2 時，按一下「確定」即告結束。

【SPSS 輸出】

表 4.1 的適合度檢定，輸出如下。

NPar 檢定

卡方檢定　　　　← ①

次數分配表

果蠅數

	觀察個數	期望個數	殘差
281	281	301.0	-20.0
331	331	301.0	30.0
592	592	602.0	-10.0
總和	1204		

← ②

檢定統計量

	果蠅數
卡方ª	4.485
自由度	2
漸近顯著性	.106

← ③

a. 0 個格 (0%) 的期望次數少於 5。
最小的期望格次數為 301.0。

【輸出結果的判讀】

① 此卡方檢定是適合度檢定，用以檢定：
「假設 H0：實測次數與期待次數相同」。
以此檢定來判斷是否能捨棄假設。

② 當輸入數據是依照 592、331、281 的順序，但觀察輸出結果時，則是 281、331、592 由小到大的順序排列。因此，期待次數也必須要按 1、1、2 來輸入。

③ 觀察輸出結果，卡方檢定統計量是 4.485，此時的顯著機率是 0.106。
因此，當顯著水準 $\alpha = 0.05$ 時，依據顯著機率 0.106 > $\alpha = 0.05$，則假設無法捨棄。換言之，實測次數 592：331：281 與期待次數 2：1：1 可以想成相同。

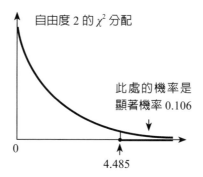

（註）使用 Exact tests（Option）時，即可求出精確顯著機率。

　　此 Exact tests 不需要對期待次數加上條件，可以經常利用。

Note

第 5 章
常態性檢定

本章內容

5.1 常態性檢定

Shapiro-Wilk test 是檢定數據是否服從常態分配的方法。

試以下面的數據為例，檢定身高是否服從常態分配。此處分成：

樣本 1：檢定身高是否服從常態分配。

樣本 2：檢定男性的身高是否服從常態分配，或女性的身高是否服從常態分配。

進行樣本 1 的檢定時，將身高想成一個變數來進行檢定。在相關、迴歸分析或多變量分析中，幾乎是使用一個樣本的檢定。

進行樣本 2 的檢定時，設想將身高分成男女二群來檢定。

【數據輸入類型】

試輸入 5.1 數據如下。

表 5.1

	性別	身高	胸圍	肚圍	臀圍	體重	var	var	var	var	var	var
1	1.00	1782	967	884	1018	79.8						
2	1.00	1715	858	719	877	58.0						
3	1.00	1782	848	743	915	67.6						
4	1.00	1778	911	766	940	69.2						
5	1.00	1684	788	649	872	56.2						
6	1.00	1742	832	667	868	53.4						
7	1.00	1823	875	728	925	67.8						
8	1.00	1779	787	695	890	59.4						
9	1.00	1800	874	702	921	67.4						
10	1.00	1695	869	729	879	59.0						
11	1.00	1821	923	779	918	70.2						
12	1.00	1793	899	692	926	64.6						
13	1.00	1820	834	705	932	65.8						
14	1.00	1809	935	861	1013	82.2						
15	1.00	1751	861	723	923	65.0						
16	1.00	1779	952	754	949	72.6						
17	1.00	1685	855	708	924	65.0						
18	1.00	1797	853	734	907	65.4						
19	1.00	1792	877	752	906	64.8						
20	1.00	1842	848	710	913	63.0						

Note

5.2 利用SPSS統計分析步驟

步驟 1　選擇「分析」→「描述性統計資料」→「探索」。

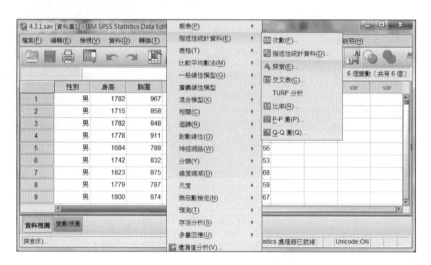

步驟 2　樣本 1 檢定時，將「身高」移到「因變數清單」，因變數即使數個也行。
樣本 2 檢定時，將「身高」移到「因變數清單」，「性別」移到「因素清單」中。又，因變數即使數個也行。
（樣本 1）

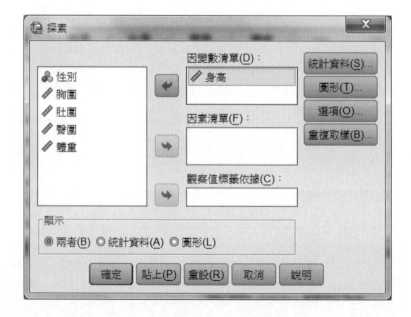

（樣本 2）

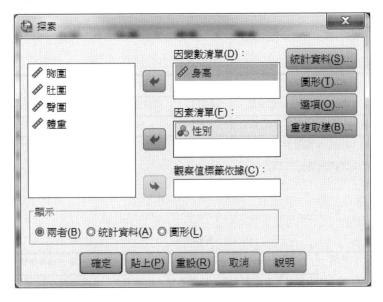

步驟 3　檢定樣本 1 或 2 均按「圖形」，即出現「探索：圖形」的視窗，再
　　　　　勾選「常態機率圖附檢定」，之後按「繼續」再按「確定」。

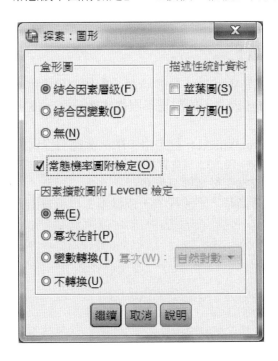

【SPSS 輸出結果】

（樣本 1）

常態檢定

	Kolmogorov-Smirnov檢定[a]			Shapiro-Wilk 常態性檢定		
	統計量	自由度	顯著性	統計量	自由度	顯著性
身高	.072	110	.200[*]	.987	110	.357

a. Lilliefors 顯著性校正

*. 此為真顯著性的下限。

（樣本 2）

常態檢定

	性別	Kolmogorov-Smirnov檢定[a]			Shapiro-Wilk 常態性檢定		
		統計量	自由度	顯著性	統計量	自由度	顯著性
身高	男	.087	77	.200[*]	.987	77	.631
	女	.105	33	.200[*]	.975	33	.632

a. Lilliefors 顯著性校正

*. 此為真顯著性的下限。

【輸出結果的判讀】

樣本 1：從 Shapiro-Wilk test 檢定（H_0：數據服從常態分配）中，可知 p = 0.357，大於 0.05，因之不能說是不服從常態分配，換言之，認為服從常態分配也無錯誤。

樣本 2：從 Shapiro-Wilk test 檢定中（H_0：數據服從常態分配）可知，男的 p = 0.631，女的 p = 0.632，兩者均在 0.05 以上，因之不能說是不服從常態分配，換言之，認為服從常態分配也行。

若以直方圖表現身高時，不論樣本 1 或樣本 2 也可看出服從常態分配。

（樣本 1）

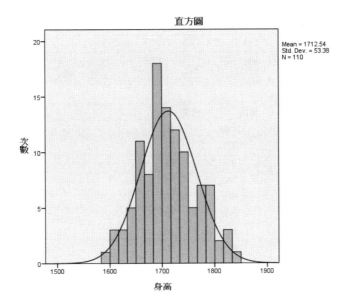

（樣本 2）

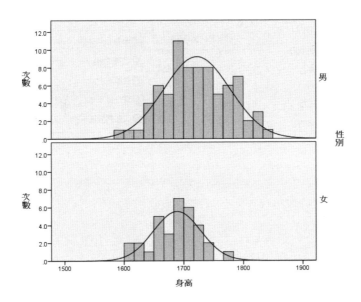

（註）
欲檢定單一樣本之數據是否服從常態或其他分配，可使用「無母數統計」的
方法，按如下方式進行，所得出之結論亦同。

步驟1 選擇「無母數檢定計」，點選「舊式對話記錄」→「單一樣本 K-S 檢定」。

分析(A)	直效行銷(M)	統計圖(G)	效用值(U)	視窗(W)	說明(H)

報表(P) ▶				
敘述統計(E) ▶				
表格(B) ▶				
比較平均數法(M) ▶	臀圍	體重	var	var	var
一般線性模式(G) ▶	1018	80			
概化線性模式(Z) ▶	877	58			
混合模式(X) ▶	915	68			
相關(C) ▶	940	69			
迴歸(R) ▶	872	56			
對數線性(O) ▶	868	53			
神經網路(W) ▶	925	68			
分類(Y) ▶	890	59			
維度縮減(D) ▶	921	67			
尺度(A) ▶	879	59			
無母數檢定(N) ▶	918	70			
預測(T) ▶	▲ 單一樣本(O)...				
存活分析(S) ▶	▲ 獨立樣本(I)...				
複選題分析(U) ▶	▲ 相關樣本(R)...				
遺漏值分析(V)...	歷史對話記錄(L) ▶	卡方...			
多個插補(T) ▶	949	73	二項式(B)...		
複合樣本(L) ▶	924	65	連檢定(R)...		
品質控制(Q) ▶	907	65	單一樣本 K-S 檢定(1)...		
ROC 曲線(V)...	906	65	二個獨立樣本(2)...		
	913	63			

步驟 2　在「檢定分配」選擇「常態」，並點選「精確」後按「確定」。

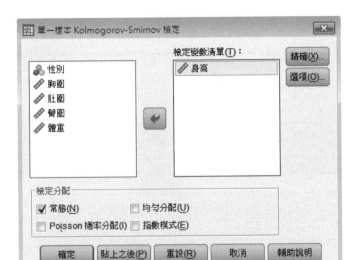

得出 $p = 0.622$ 大於 0.05，因之不能說是不服從常態分配，換言之，認為服從常態分配也無錯誤。

單一樣本 Kolmogorov-Smirnov 檢定

		身高
個數		110
常態參數[a,b]	平均數	1712.54
	標準差	53.380
最大差異	絕對	.072
	正的	.064
	負的	-.072
Kolmogorov-Smirnov Z 檢定		.753
漸近顯著性 (雙尾)		.622
精確顯著性 (雙尾)		.597
點機率		.000

a. 檢定分配為常態。

b. 根據資料計算。

Note

第 6 章
兩個母體比率差的檢定

本章內容

6.1 兩個母體比率差的檢定

使用表 6.1 的數據，利用 SPSS 檢定兩個母體比例看看。

【數據類型】

以下數據是針對大都市與地方都市的居民中，詢問是否為花粉症所苦惱而進行的意見調查的累計結果。

表 6.1　環境與花粉症

	因花粉症苦惱	不因花粉症苦惱
大都市	132 人	346 人
地方都市	95 人	403 人

此數據對以下事項感到興趣：「住在大都市的人得到花粉症的比率，與住在地方都市的人得到花粉症的比率是否相同？」。如果兩個比率有差異時，花粉症即受到所居住的環境影響。

Tea Break

比率表示總體中的一部分與總體作比較，一般用百分比的形式表示。
比例表示總體中兩個部分之間的比較，一般用幾比幾的形式表示。

【數據輸入類型】

此數據輸入的步驟如下。

應注意的地方只有「權重」。

數據資料來自意見調查表，將一張一張輸入到檔案中，即可直接進行兩個母比率之差的檢定。

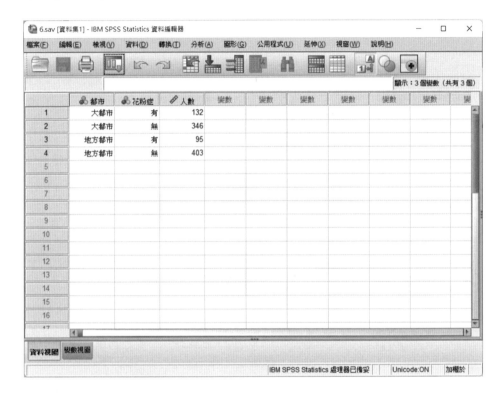

6.2 利用SPSS統計處理步驟

步驟 1　統計處理從上面的狀態欄按一下「分析」開始。欲檢定兩個母體比率差時，按一下清單之中的「敘述統計」→「交叉資料表」。

步驟 2　出現如下的對話框。

步驟 3 以滑鼠點選「都市」變成藍色後，按一下「列」之左側的 ➡。接著也將「花粉症」變成藍色後，按一下「欄」之左側的 ➡，成果如下圖所示。

步驟 4 按一下畫面中的「統計資料」。從出現的對話框中點選「卡方檢定」，之後按一下「繼續」，即回到步驟3的畫面，再按下「確定」即告結束。

【SPSS 輸出】

表 6.1 的兩個母體比率差的檢定，輸出如下。

▸ 交叉表

觀察值處理摘要

	觀察值					
	有效的		遺漏值		總和	
	個數	百分比	個數	百分比	個數	百分比
都市 * 花粉症	976	100.0%	0	.0%	976	100.0%

都市 * 花粉症 交叉表

個數

		花粉症		總和
		有	無	
都市	大都市	132	346	478
	地方都市	95	403	498
總和		227	749	976

卡方檢定

	數值	自由度	漸近顯著性 (雙尾)	精確顯著性 (雙尾)	精確顯著性 (單尾)	
Pearson卡方	9.963b	1	.002			← ①
連續性校正 a	9.490	1	.002			
概似比	9.990	1	.002			
Fisher's精確檢定				.002	.001	← ②
有效觀察值的個數	976					

a. 只能計算 2x2 表格

b. 0格 (.0%) 的預期個數少於 5。最小的預期個數為 111.17。

【輸出結果的判讀】

① 兩個母體比率差的檢定，有利用常態分配的方法與卡方分配的方法。
　SPSS 是使用卡方分配來檢定兩個母體比率差。如觀察 Pearson 卡方檢定
　統計量是 9.963，此時的顯著機率是 0.002。
　因此，顯著水準設為 $\alpha = 0.05$ 時，依據顯著機率 $0.002 < \alpha = 0.05$，則「假
　設 H_0：兩個母體比率相等」被捨棄，換言之，可知大都市與地方都市中
　得到花粉症的比率有差異。

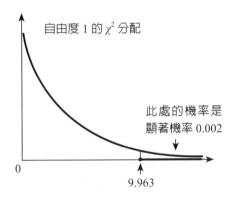

自由度 1 的 χ^2 分配

此處的機率是
顯著機率 0.002

0

9.963

② 若是 2×2 交叉表時，也會替我們計算 Fisher 的精確機率檢定（＝ Fisher
　的直接法）。有關精確機率檢定請參考第 17 章。

Note

第 7 章
t檢定（獨立）、Wilcoxon等級和檢定──比較兩個治療效果

本章內容

7.1 t檢定——獨立（無對應時）樣本的t檢定

【數據類型】

　　以下資料是針對是否已關窗戶一事（一日中總會不自覺地認爲如未確認就覺得不對勁）的強迫性人格障礙者 20 人，施與心理療法 A 與心理療法 B 之後的結果。

表 7.1

心理療法 A

No.	治療效果
1	1
2	3
3	1
4	4
5	2
6	3
7	3
8	3
9	2
10	2

心理療法 B

No.	治療效果
11	4
12	2
13	5
14	3
15	4
16	4
17	3
18	2
19	5
20	3

（註）症狀的程度：

　　　1. 比開始心理療法前更爲嚴重。

　　　2. 比開始心理療法前略爲嚴重。

　　　3. 未改變。

　　　4. 開始心理療法後略爲好轉。

　　　5. 開始心理療法後更有好轉。

想分析的事情是？
想調查利用心理療法 A 與心理療法 B，治療效果是否相同？

此時可以考慮如下的統計處理。

1.統計處理1
進行兩個平均差的檢定。

2.統計處理2
當母體的常態性與等變異性不成立時，進行 Wilcoxon 等級和檢定
（=Mann-Whitney）。
（註）此種檢定稱為無母數檢定。

3.統計處理3
當組間有對應關係時，有對應的兩個母平均差的檢定，使用 Wilcoxon 符
號等級檢定。
（註）：Wilcoxon 等級和檢定是針對兩組獨立樣本（記法：河（和）豚是
　　　　有毒（獨）的），而 Wilcoxon 符號等級檢定是針對兩組成對樣本
　　　　之檢定。

撰寫論文時的方向
1. 將兩個母體平均差的檢定寫成 t 檢定的原因有很多……
　「進行 t 檢定之後，t 值是 −2.4000，顯著機率是 0.027，因之在心理療法
　A 與心理療法 B 之間，可知治療效果有差異。另外，此檢定是假定等變
　異性成立。因此，……」
2. 無母數檢定時：
　「進行 Wilcoxon 等級和檢定之後，W 值 = 78.500，漸近顯著機率是
　0.038，因之在心理療法 A 與心理療法 B 之間，可知治療效果有差異。因
　此，……」
3. 無母數檢定時，如使用 SPSS 的精確機率檢定時，可以求出精確顯著機
　率，而非漸近顯著機率。
　撰寫論文時，建議使用此精確機率檢定（Exact test）。

【數據輸入類型】

將表 7.1 的數據，如下輸入。

	心理療法	治療效果	var	var	var	var	var	var
1	1	1						
2	1	3						
3	1	1						
4	1	4						
5	1	2						
6	1	3						
7	1	3						
8	1	3						
9	1	2						
10	1	2						
11	2	4						

	心理療法	治療效果	var	var	var	var	var	var	var	var	var	var
1	心理療法A	1										
2	心理療法A	3										
3	心理療法A	1										
4	心理療法A	4										
5	心理療法A	2										
6	心理療法A	3										
7	心理療法A	3										
8	心理療法A	3										
9	心理療法A	2										
10	心理療法A	2										
11	心理療法B	4										
12	心理療法B	2										
13	心理療法B	5										
14	心理療法B	3										
15	心理療法B	4										
16	心理療法B	4										
17	心理療法B	3										
18	心理療法B	2										
19	心理療法B	5										
20	心理療法B	3										

Note

7.2 利用SPSS的t統計處理步驟

步驟 1 表 7.1 的數據輸入後，從「分析」的清單如下選擇「比較平均數法」，再從中選擇「獨立樣本 T 檢定」。

步驟 2 畫面如下，將「治療效果」移到「檢定變數」的方框，「心理療法」移到「分組變數」的方框，接著按一下「定義組別」。

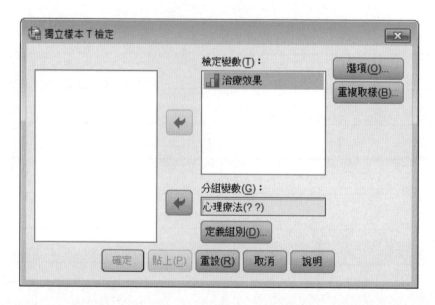

步驟 3　變成定義組別畫面時，如下輸入，按「繼續」。

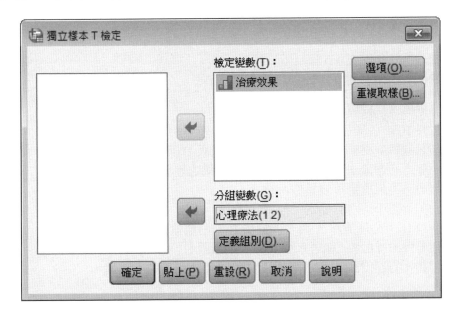

步驟 4　如圖，「分組變數」的地方變成「心理療法 (1 2)」，按「確定」。

【SPSS 輸出】—獨立樣本的 t 檢定

T 檢定

組別統計量

	心理療法	個數	平均數	標準差	平均數的標準誤
治療效果	心理療法A	10	2.40	.966	.306
	心理療法B	10	3.50	1.080	.342

獨立樣本檢定

		變異數相等的Levene檢定		平均數相等的t檢定					差異的95% 信賴區間	
		F檢定	顯著性	t	自由度	顯著性(雙尾)	平均差異	標準誤差異	下界	上界
治療效果	假設變異數相等	.205	.656	-2.400	18	.027	-1.100	.458	-2.063	-.137
	不假設變異數相等			-2.400	17.780	.028	-1.100	.458	-2.064	-.136

① ②

【輸出結果的判讀】—獨立樣本的 t 檢定

① 等變異性（同質性）的檢定：
假設 H_0：心理療法 A 與心理療法 B 的變異相等。
顯著機率 0.656 > 顯著水準 0.05，則假設 H_0 不能捨棄。
因此，心理療法 A 與心理療法 B 的效果之變異相等。
因而，可以假定等變異性。

② 兩個母體平均差的檢定：
假設 H_0：心理療法 A 與心理療法 B 的治療效果相同。
顯著機率 0.027 < 顯著水準 0.05，則假設 H_0 可以捨棄。
因此，心理療法 A 與心理療法 B 的治療效果可知有差異。

自由度 18 的 t 分配

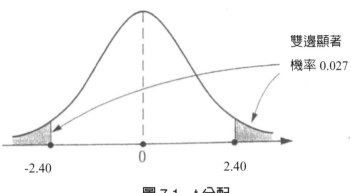

雙邊顯著
機率 0.027

-2.40

0

2.40

圖 7.1　t 分配

7.3 利用SPSS的Wilcoxon等級和檢定

步驟 1　表 7.1 的數據輸入後，從「分析」的清單中如下選擇「無母數檢定」，從「歷史對話紀錄」中選擇「二個獨立樣本」。

步驟 2　將「治療效果」移到「檢定變數清單」的方框中，「心理療法」移到「分組變數」的方框中，按一下「定義組別」。

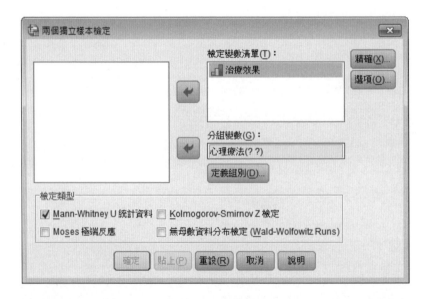

步驟 3　變成定義組別的畫面時，如下輸入後按「繼續」。

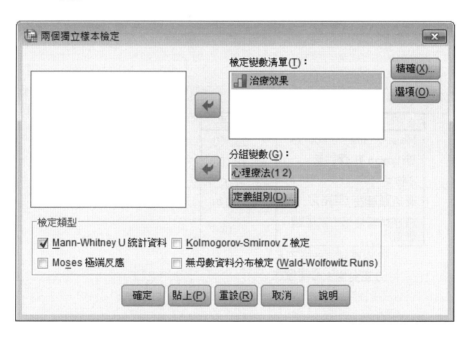

步驟 4　確認「分組變數」的地方變成「心理治療法（1 2）後」，按「確定」。

【SPSS 輸出】－2 個獨立樣本的檢定

→ NPar 檢定

Mann-Whitney 檢定

等級

	心理療法	個數	等級平均數	等級總和
治療效果	心理療法A	10	7.85	78.50
	心理療法B	10	13.15	131.50
	總和	20		

檢定統計量b

	治療效果	
Mann-Whitney U 統計量	23.500	← ①
Wilcoxon W 統計量	78.500	← ②
Z 檢定	-2.073	
漸近顯著性 (雙尾)	.038	← ③
精確顯著性 [2*(單尾顯著性)]	.043ª	

a. 未對等值結做修正。

b. 分組變數：心理療法

【輸出結果的判讀】—2 個獨立樣本的檢定

① Mann-Whitney U：
　　Mann-Whitney 檢定的檢定統計量 U 是 23.5。

② Wilcoxon W：
　　Wilcoxon 等級和檢定的統計量 W 是 78.5，

　　兩個檢定統計量 U 與 W 之間有如下關係：$23.5 = 78.5 - \dfrac{10 \times (10+1)}{2}$。

③ Wilcoxon 等級和檢定：
　　假設 H0：心理療法 A 與心理治療法 B 的治療效果相同。
　　顯著機率 0.038 < 顯著機率 0.05，則假設 H0 被捨棄。
　　因此，心理療法 A 心理療法 B 的治療效果可知有差異。

Note

第 8 章
t檢定（成對樣本）、
Wilcoxon符號等級檢定

本章內容

8.1 有關平均值的推論

進行數量上的研究時，比較數個群中的平均值、變異數，或考量變異數間的關係有多少。本章以檢討兩個平均值之比較、兩個變異數之比較、相關係數的檢討、2×2 交叉表的檢討、2 個比率之比較等為中心，就統計的檢定與區間估計進行說明。

【數據類型】

就同一變數而條件不同的兩個平均值來說，在母體中是否有差異，以統計方式來驗證的方法有t檢定。在t檢定中，有(1)無對應（獨立）的t檢定，(2)有對應（成對）的t檢定兩種。「無對應」是指像實驗群與對照群，受試者（樣本）是包含在兩個群中的某一群內。「有對應」是指針對同一受試者進行事前與事後測試，或從同一家族的患者與家族的成員中蒐集數據等，資料能成對取得。

t檢定之結果，如顯著機率（p值）比事前所設定的顯著水準 (Significant level)（冒險率）小，視為統計上顯著，可以想成是兩個平均值有統計上的顯著差。相反的，顯著機率不小於顯著水準時，則可判斷兩個平均值不能說有統計上的差異。

並非是兩個平均值是否有統計上的顯著差，而是有多少的差異，以某種程度的寬度去估計者即為區間估計 (Interval estimation)。信賴區間 (Confidence interval) 即為區間估計的一種。譬如，平均值之差的信賴區間，是依據「在事前所設定的機率（譬如 95%）下，以包含母體平均差之值」的規則所製作之區間。其中「事前所設定之機率」稱為信賴係數。譬如，在信賴係數為 95% 時所製作的信賴區間，稱為 95% 的信賴區間。

輸入各變數的資料（圖 8.1）。其中「手術部位」的 1 表示「腸手術」，2 表示「胃手術」（各值可先加上標記）。「醫師應對滿足度」與「護士應對滿足度」都是探討 (1) 態度、用字遣辭；(2) 交談的容易性；(3) 對不安的安撫，從「5 非常滿意」到「1 非常不滿意」的五級評定所得之合計值。「手術前不安」是以五級評定手術前不安程度之結果，「對手術的滿意度」也是以五級評定，分數愈大，滿意度愈高。

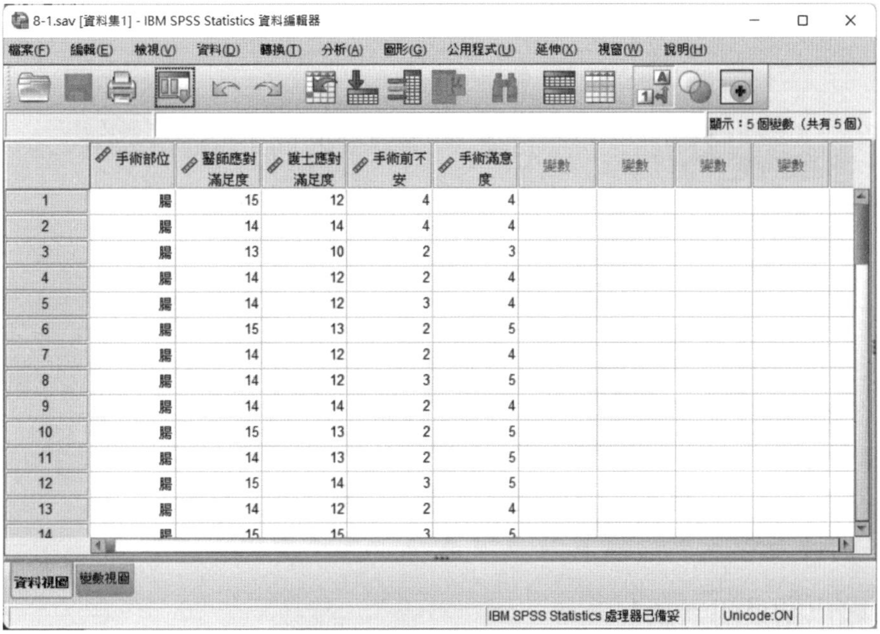

圖 8.1 輸入資料的一部分

試比較「醫師應對滿足度」與「護士應對滿足度」。

【數據輸入類型】

如圖 8.1 所示，同一受試者的「醫師應對滿足度」與「護士應對滿足度」，其測量值要橫向輸入。

【統計處理的步驟】

因為是各患者使用同一項目評定「醫師應對滿足度」與「護士應對滿足度」，所以使用成對的 t 檢定，如圖 8.1 所示，按「分析」→「比較平均數法」→「成對樣本 T 檢定」進行時，即會顯示出如圖 8.2 的畫面。接著，一併選擇「醫師應對滿足度」與「護士應對滿足度」，並移到「配對變數」的方框中。在「選項」中可以設定信賴區間的信賴係數之值，初期設定是 95%。

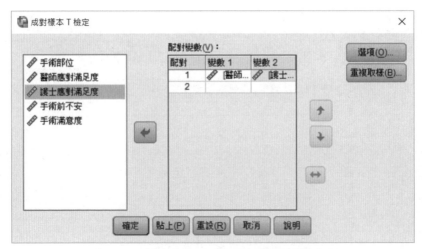

圖 8.2　成對樣本 T 檢定中變數選擇畫面

【輸出結果的判讀】

　　將各變數的平均值表示在表 8.1 中。「醫師應對滿足度」的平均值是 14.03，「護士應對滿足度」是 12.97，顯示「醫師應對滿足度」較高，爲了檢討母體平均值是否有差異，如觀察 t 檢定之結果（表 8.2）時，顯著機率是 0.004，可知低於通常設定的顯著水準 0.05。因之，「醫師應對滿足度」與「護士應對滿足度」的分數，可以判斷有統計上的顯著差。

　　如觀察 95% 信賴區間時，下限是 0.357，上限是 1.764，在 95% 的機率下，此區間被估計出包含母體平均差之值。由此結果，可以觀察出兩個變數的平均值在統計上雖有顯著差，但其差幾乎沒有，或即使有也不足 2 分（1.764 - 0.357）。

表 8.1　各變數的平均數與標準差

成對樣本統計量		平均數	個數	標準差	平均數的標準誤
對組 1	醫師應對滿足度	14.03	33	.918	.160
	護士應對滿足度	12.97	33	1.489	.259

表 8.2　成對的 T 檢定結果與信賴區間

成對樣本檢定								
		成對變數差異					t	自由度	顯著性（雙尾）
		平均數	標準差	平均數的標準誤	差異的 95%信賴區間				
					下界	上界			
對組 1	醫師應對滿足度 護士應對滿足度	1.061	1.983	.345	.357	1.764	3.072	32	.004

8.2 Wilcoxon符號等級檢定

使用表 8.3 的數據，利用 SPSS 進行 Wilcoxon 的符號等級檢定看看。

【數據類型】

以下數據是調查 7 位女性利用蘋果瘦身的體重變化。欲知利用蘋果瘦身真的能減少體重嗎？

表 8.3　蘋果瘦身的效果

	瘦身前的體重 (kg)	瘦身後的體重 (kg)
小英	53.0	51.2
小美	50.2	48.7
小芬	59.4	53.5
小莉	61.9	56.1
小珠	58.5	52.4
小蘭	56.4	52.9
小玲	53.4	53.3

【數據輸入類型】

成對的兩個母平均差的檢定結果，與 Wilcoxon 的符號等級檢定之結果是否一致呢？

【統計處理步驟】

步驟 1　進行 Wilcoxon 符號等級檢定時，選擇「分析」按「無母數檢定」，
選擇「二個相關樣本檢定」。

步驟 2　此處，選擇「減肥前體重」與「減肥後體重」，並放入「成對檢定」
中，按「確定」。

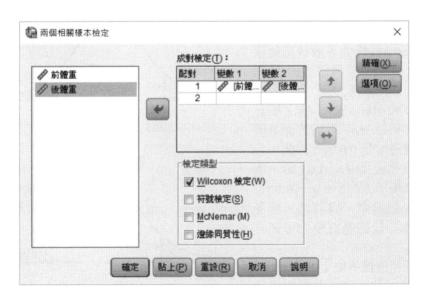

【SPSS 輸出】

表 8.3 的 Wilcoxon 符號等級檢定，輸出如下。

Wilcoxon 符號等級檢定

等級

		個數	等級平均數	等級總和
減肥後體重 - 減肥前體重	負等級	7ª	4.00	28.00
	正等級	0ᵇ	.00	.00
	等值結	0ᶜ		
	總和	7		

a. 減肥後體重 < 減肥前體重
b. 減肥後體重 > 減肥前體重
c. 減肥前體重 = 減肥後體重

檢定統計量ᵇ

	減肥後體重 - 減肥前體重
Z 檢定	-2.366ª
漸近顯著性 (雙尾)	.018

a. 以正等級為基礎。
b. Wilcoxon 符號等級檢定

【輸出結果的判讀】

Wilcoxon 符號等級檢定是檢定以下假設：「假設 H_0：成對的兩組間無差異」。

觀察輸出結果時，檢定統計量為 $Z = -2.366$，此時的顯著機率（雙邊）是 0.018。因此，當顯著水準設為 $\alpha = 0.05$ 時，依據顯著機率 $0.018 < \alpha = 0.05$，則假設被捨棄。換言之，瘦身前與瘦身後的體重變化可知有差異。

進行精確機率檢定 Exact test（Option），可知此值確實是精確的顯著機率！

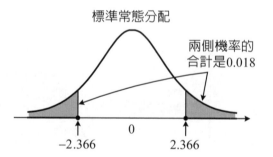

標準常態分配

兩側機率的合計是0.018

−2.366　0　2.366

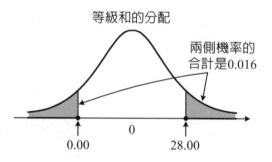

等級和的分配

兩側機率的合計是0.016

0.00　0　28.00

Note

8.3 t檢定——相關（有對應）樣本的t檢定

【數據類型】

　　以下資料是針對 10 位受試者，於進行心理療法的前與後，調查強迫性人格障礙的程度所得之結果。

　　想分析的事情是「心理療法前與心理療法後，其強迫性人格障礙的程度能否看出差異」。

表 8.4

NO.	心理療法前	心理療法後
1	1	4
2	3	4
3	3	5
4	4	4
5	2	4
6	3	5
7	3	3
8	3	2
9	2	5
10	2	2

（註）您是否覺得出現在人前很可怕呢？

　　1. 相當可怕。

　　2. 可怕。

　　3. 稍微可怕。

　　4. 不太可怕。

　　5. 完全不可怕。

【數據輸入類型】

將表 8.4 的資料如下輸入。

	心療法前	心療法後	Var	Var	Var	Var	Var	Var	Var	Var	Var	Var
1	1	4										
2	3	4										
3	3	5										
4	4	4										
5	2	4										
6	3	5										
7	3	3										
8	3	2										
9	2	5										
10	2	2										
11												
12												
13												
14												
15												

	心療法前	心療法後	Var	Var	Var	Var	Var	Var	Var	Var	Var	Var
1	相當可怕	不太可怕										
2	略微可怕	不太可怕										
3	略微可怕	完全不可怕										
4	不太可怕	不可怕										
5	可怕	不太可怕										
6	略微可怕	完全不可怕										
7	略微可怕	略微可怕										
8	略微可怕	可怕										
9	可怕	完全不可怕										
10	可怕	可怕										
11												
12												
13												
14												
15												

（註）有對應的數據時，要注意數據的輸入方式。
　　　相同受試者的測量值要橫向輸入。

【統計處理的步驟】

步驟1　表8.4的資料輸入後,從「分析」的清單中,選擇「比較平均數法」
　　　　→「成對樣本 T 檢定」。

步驟2　變成了如下畫面時,將「心理療法前」與「心理療法後」移到「配
　　　　對變數」的方框中。

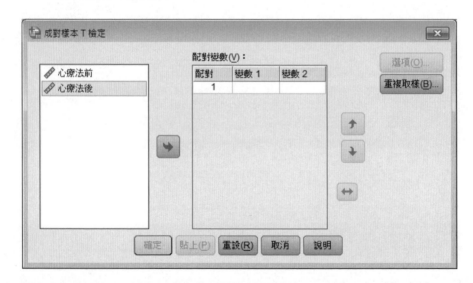

步驟 3　當畫面變成如下時，按「確定」。

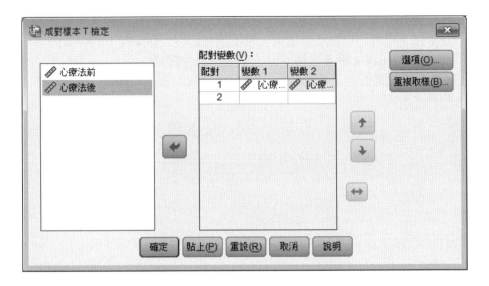

【SPSS 輸出】—相關樣本的 t 檢定

▸**T 檢定**

成對樣本統計量

		平均數	個數	標準差	平均數的標準誤
成對 1	心療法前	2.60	10	.843	.267
	心療法後	3.80	10	1.135	.359

成對樣本相關

		個數	相關	顯著性
成對1	心療法前 和 心療法後	10	.023	.949

成對樣本檢定

		成對變數差異							
					差異的95%信賴區間				
		平均數	標準差	平均數的標準誤	下界	上界	t	自由度	顯著性 (雙尾)
成對1	心療法前 - 心療法後	-1.200	1.398	.442	-2.200	-.200	-2.714	9	.024

【輸出結果的判讀】—相關樣本的 t 檢定

① 有對應的兩個母平均差的檢定：

假設 H_0：進行心理療法前與後，看不出強迫性人格障礙上的症狀差異。

顯著機率 0.024 < 顯著水準 0.05，則假設 H_0 被否定。

因此，得知進行此心理療法後，可看出在強迫性人格障礙上的症狀有差異。

Note

8.4 利用SPSS的無母數檢定（相關時）

步驟1　表 8.4 的資料輸入後，從「分析」的清單中，選擇「無母數檢定」
　　　　→「舊式對話記錄」→ 「二個相關樣本」。

步驟2　變成如下畫面時，將「心理療法前」與「心理療法後」，移到欲檢
　　　　定之「成對檢定」的方框中。

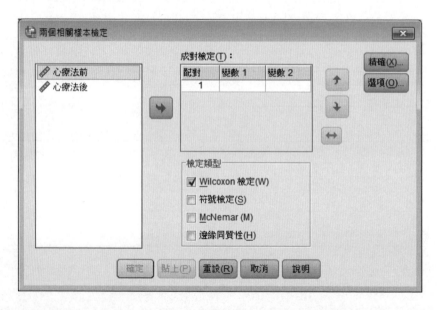

步驟 3 當畫面變成如下時，按「確定」。

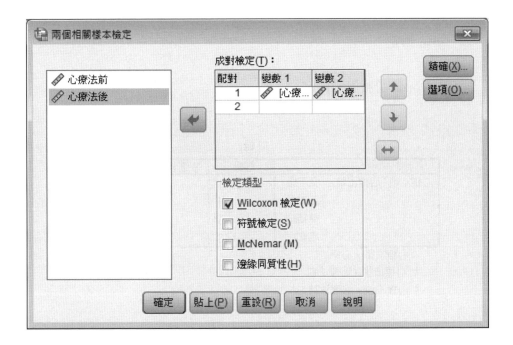

【SPSS 輸出】—兩個相關樣本的檢定

NPar 檢定

Wilcoxon 符號等級檢定

等級

		個數	等級平均數	等級總和
心療法後 - 心療法前	負等級	1[a]	1.50	1.50
	正等級	6[b]	4.42	26.50
	等值結	3[c]		
	總和	10		

a. 心療法後 < 心療法前
b. 心療法後 > 心療法前
c. 心療法後 = 心療法前

檢定統計量b

	心療法後 - 心療法前
Z 檢定	-2.136[a]
漸近顯著性 (雙尾)	.033	← ①

a. 以負等級爲基礎
b. Wilcoxon 符號等級檢定

【輸出結果的判讀】—兩個相關樣本的檢定

① Wilcoxon 符號等級檢定：

假設 H_0：在進行心理療法前與行心理療法後，在強迫性人格障礙的症狀上看不出差異。

顯著機率 0.033 < 顯著水準 0.05，則假設 H_0 被否定。

因此，得知進行了此心理療法後，在強迫人格障礙的症狀上可以看出差異。

不管是無母數檢定或是相關樣本的 t 檢定，均有相同的結論。

第 9 章
單因子變異數分析、
Kruskal-Wallis檢定
——比較多種治療效果

本章內容

9.1 單因子變異數分析

【數據類型】

以下資料是針對是否已關窗戶一事 (一日中有數次總會不自覺地認為如未確認就覺得不對勁) 的 30 位強迫性人格障礙者，進行三種心理治療法 A、B、C 所得之結果。

表 9.1.1

NO.	治療效果 A
1	1
2	3
3	1
4	4
5	2
6	3
7	3
8	3
9	2
10	2

NO.	治療效果 B
11	4
12	2
13	5
14	3
15	4
16	4
17	3
18	2
19	5
20	3

NO.	治療效果 C
21	3
22	3
23	4
24	5
25	2
26	4
27	3
28	4
29	5
30	3

（註）有對應時，利用「重複量數進行變異數分析」。

症狀的程度：

1. 比開始心理治療法前更為嚴重。
2. 比開始心理治療法前略為嚴重。
3. 不改變。
4. 比開始心理治療法後略有好轉。
5. 比開始心理治療法後略有好轉。

（註）K 組獨立樣本檢定可使用 Kruskal-Wallis 檢定，而 K 組成對樣本檢定可使用下一章將介紹的 Friedman 檢定。

想分析的事情是？
1. 想調查三種心理治療法 A、B、C 的治療效果是否相同？
2. 治療效果如有差異時，想知道哪種心理療法與哪種心理療法之間有差異？

此時可以考慮如下的統計處理。

1.統計處理1
調查三組 A、B、C 之間有無差異，可使用單因子變異數分析。

2.統計處理2
當不知道母體的常態性或等變異性是否成立時，可進行無母數的變異數分析，如使用 Kruskal-Wallis 檢定。

3.統計處理3
若已知組間有差異時，再進行多重比較，調查哪一種與哪一組之間有差異。

撰寫論文時的方向：
1. 單因子的變異數分析時：
「……首先進行等變異性（同質性）的檢定，確認等變異性成立。其次，進行單因子的變異數分析之後，F 值是 4.385，顯著機率是 0.022，因之得知心理治療法 A、B、C 之間有差異。
接著，利用 Tukey 的方法進行多重比較，發現心理治療 A 與 C 之間有顯著差異。因此…… 」
2. 無母數的變異數分析時：
「……進行 Kruskal-Wallis 檢定後，卡方值是 6.706，漸近顯著水準 0.035，因之得知心理療法 A、B、C 之間有顯著差異。由此事知…… 」
3. 無母數的變異數分析時，針對兩個組的組合進行 Wilcoxon 等級和檢定，再利用 Bonferroni 的修正進行多重比較。

【數據輸入類型】

表 9.1 的資料如下輸入。

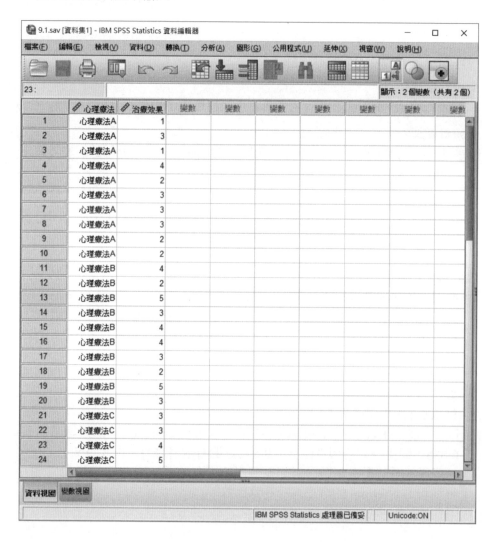

Note

9.2 利用SPSS的單因子變異數分析與多重比較

步驟 1 表 9.1 的資料輸入後,從「分析」的清單中,選擇「比較平均數法」
→「單向 ANOVA」。

步驟 2 變成如下畫面時,將「治療效果」移到「因變數清單」的方框中,
「心理療法」移到「因素」的方框中。

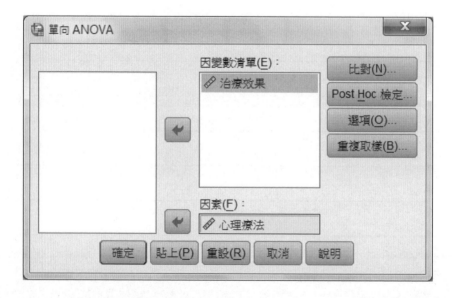

步驟 3 想進行多重比較時，按一下「Post Hoc 檢定」，如下勾選後按「繼續」，回到步驟 2 的畫面時，按「確定」。

步驟 4 想進行「變異數同質性檢定」時，按一下「選項」，如下勾選後，按「繼續」，回到步驟 2 的畫面時，按「確定」。

【SPSS 輸出 ‧1】—單因子變異數分析

▶ 單因子

變異數同質性檢定

治療效果

Levene 統計量	分子自由度	分母自由度	顯著性	
.141	2	27	.869	← ①

ANOVA

治療效果

	平方和	自由度	平均平方和	F 檢定	顯著性	
組間	8.867	2	4.433	4.385	.022	← ②
組內	27.300	27	1.011			
總和	36.167	29				

【輸出結果的判讀 ‧1】—單因子變異數分析

① Levene 的等變異數 (同質性) 檢定：
　　假設 H_0：三種心理療法 A、B、C 中治療效果的變異並無差異。
　　顯著水準 0.869> 顯著水準 0.05，則假設 H_0 無法否定。
　　因此，三種心理療法 A、B、C 中治療效果的變異數可以想成均相等。
② 單因子的變異數分析：
　　假設 H_0：三種心理療法 A、B、C 中治療效果相同。
　　顯著水準 0.022< 顯著水準 0.05，則假設 H_0 被否定。
　　因此，得知三種心理療法 A、B、C 的治療效果有差異。

【SPSS 輸出 · 2】—單因子變異數分析

多重比較

依變數：治療效果

	(I) 心理療法	(J) 心理療法	平均差異 (I-J)	標準誤	顯著性	95% 信賴區間 下界	95% 信賴區間 上界	
Tukey HSD	心理療法A	心理療法B	-1.100	.450	.054	-2.21	.01	
		心理療法C	-1.200*	.450	.033	-2.31	-.09	← ③
	心理療法B	心理療法A	1.100	.450	.054	-.01	2.21	
		心理療法C	-.100	.450	.973	-1.21	1.01	
	心理療法C	心理療法A	1.200*	.450	.033	.09	2.31	
		心理療法B	.100	.450	.973	-1.01	1.21	
Bonferroni法	心理療法A	心理療法B	-1.100	.450	.064	-2.25	.05	
		心理療法C	-1.200*	.450	.038	-2.35	-.05	
	心理療法B	心理療法A	1.100	.450	.064	-.05	2.25	← ④
		心理療法C	-.100	.450	1.000	-1.25	1.05	
	心理療法C	心理療法A	1.200*	.450	.038	.05	2.35	
		心理療法B	.100	.450	1.000	-1.05	1.25	

*. 在 .05 水準上的平均差異很顯著。

【輸出結果的判讀 · 2】—單因子變異數分析

③ 利用 Tukey 方法的多重比較：
　　有 * 記號的組合是有顯著差。
　　因此，得知心理療法 A 與心理療法 C 之間有顯著差。
④ 利用 Bonferroni 方法的多重比較：
　　有 * 記號的組合是有顯著差。
　　因此，得知心理療法 A 與心理療法 C 之間有顯著差。
但是，在進行多重比較時，心理療法 A 與心理療法 B 之間雖無差異，但回想「t 檢定時，心理療法 A 與 B 之間有差異」，因之多重比較仍是非常重要的。

9.3 利用SPSS的Kruskal-Wallis檢定

步驟1 表 9.1 的資料輸入後,從「分析」的清單中,選擇「無母數檢定」
→「舊式對話記錄」→「K 個獨立樣本」。

步驟2 變成如下畫面時,將「治療效果」移到「檢定變數清單」中,「心
理療法」移到「分組變數」的方框中,按一下「定義範圍」。

步驟 3 將「分組變數的範圍」如下輸入後，按「繼續」。

步驟 4 確認「分組變數」的方框中，變成「心理療法 (1 3)」時，按「確定」。

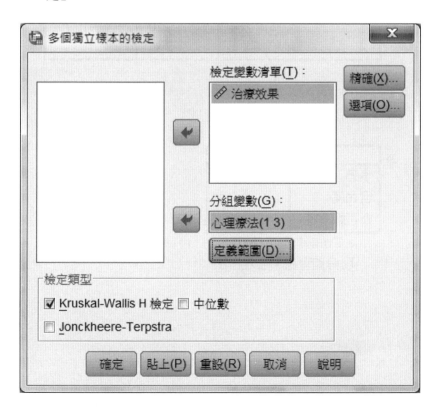

【SPSS 輸出】— K 個獨立樣本的檢定

➡ NPar 檢定

Kruskal-Wallis 檢定

等級

	心理療法	個數	等級平均數
治療效果	心理療法A	10	9.85
	心理療法B	10	17.90
	心理療法C	10	18.75
	總和	30	

檢定統計量ª,b

	治療效果
卡方	6.706
自由度	2
漸近顯著性	.035

← ①

a. Kruskal Wallis 檢定
b. 分組變數：心理療法

【輸出結果的判讀】— K 個獨立樣本的檢定

① Kruskal-Wallis 檢：

假設 H_0：三種心理療法 A、B、C 的治療效果相同。

顯著水準 0.035< 顯著水準 0.05，則假設 H_0 被否定。

因此，三種心理療法 A、B、C 的治療效果可知有差異。

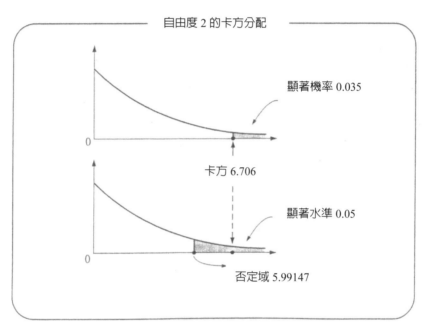

圖 9.1　卡方分配

9.4 SPSS──交互作用與下位檢定（重複數相等時）

【數據類型】

以下資料是二元配置的資料。
取各方格的平均值，將之表現成圖形時，即為下圖。

表 9.2

A \ B	B_1	B_2	B_3
A_1	13.2 15.7 11.9	16.1 15.7 15.1	9.1 10.3 8.2
A_2	22.8 25.7 18.5	24.5 21.2 24.2	11.9 14.3 13.7
A_3	21.8 26.3 32.1	26.9 31.3 28.3	15.1 13.6 16.2
A_4	25.7 28.8 29.5	30.1 33.8 29.6	15.2 19.3 14.8

*此數據的重複數相同

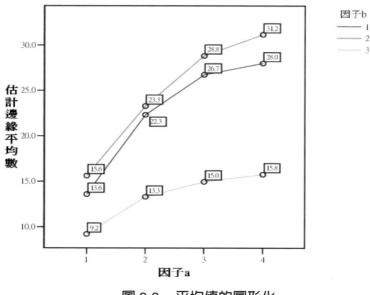

圖 9.2 平均值的圖形化

【數據輸入類型】

將表 9.2 的資料，如下輸入。

	因子a	因子b	測量值	var	var	var	var	var	var	var	var	var
1	1	1	13.2									
2	1	1	15.7									
3	1	1	11.9									
4	1	2	16.1									
5	1	2	15.7									
6	1	2	15.1									
7	1	3	9.1									
8	1	3	10.3									
9	1	3	8.2									
10	2	1	22.8									
11	2	1	25.7									
12	2	1	18.5									
13	2	2	24.5									
14	2	2	21.2									
15	2	2	24.2									
16	2	3	11.9									
17	2	3	14.3									
18	2	3	13.7									
19	3	1	21.8									
20	3	1	26.3									
21	3	1	32.1									
22	3	2	26.9									
23	3	2	31.3									
24	3	2	28.3									
25	3	3	15.1									
26	3	3	13.6									
27	3	3	16.2									
28	4	1	25.7									
29	4	1	28.8									

資料檢視 / 變數檢視 /

【統計處理的步驟】—交互作用

步驟 1 輸入表 9.2 的資料後,從「分析」的清單中,選擇「一般線性模型」
→「單變量」。

步驟 2 變成如下的畫面時,將「測量值」移到「因變數」的方框中。

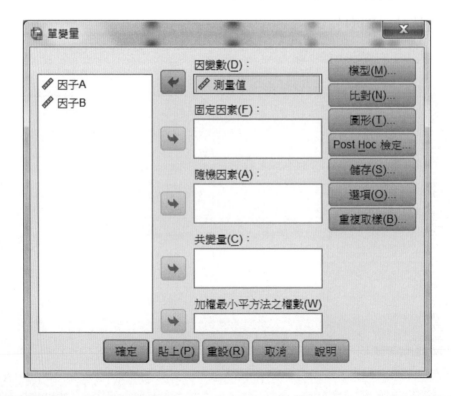

步驟 3　將「因子 A」、「因子 B」移到「固定因素」的方框時，按「確定」。

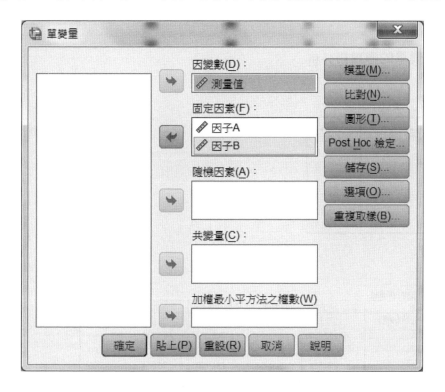

【SPSS 輸出・1】—有交互作用的檢定

➡ 單變量的變異數分析

受試者間因子

		個數
因子a	1	9
	2	9
	3	9
	4	9
因子b	1	12
	2	12
	3	12

受試者間效應項的檢定

依變數:測量值

來源	型 III 平方和	自由度	平均平方和	F 檢定	顯著性	
校正後的模式	1777.616ª	11	161.601	28.651	.000	
截距	14742.007	1	14742.007	2613.702	.000	
因子a	798.207	3	266.069	47.173	.000	
因子b	889.521	2	444.760	78.854	.000	
因子a＊因子b	89.888	6	14.981	2.656	.040	← ①
誤差	135.367	24	5.640			
總和	16654.990	36				
校正後的總數	1912.983	35				

a. R 平方 = .929 (調過後的R 平方 = .897)

【輸出結果判讀・1】—有交互作用的檢定

① 交互作用的檢定:

假設 H_0:兩個因子 A、B 之間不存在交互作用。

顯著機率 0.040< 顯著水準 0.05,則假設 H_0 被否定。

因此,兩個因子之間存在有交互作用。

此即為問題 1 的回答。

其次,進入到下位檢定的問題 2。

(註) 當交互作用存在時,使用雙因子的變異數分析之誤差,按各水準進行單因子的變異數分析,此事稱為下位檢定。

【統計處理的步驟】—下位檢定

步驟 4　再一次從「分析」的清單中，選擇「一般線性模型」→「單變量」。

步驟 5　變成如下的畫面時，按一下「貼上」。

步驟 6　於是，出現如下語法。

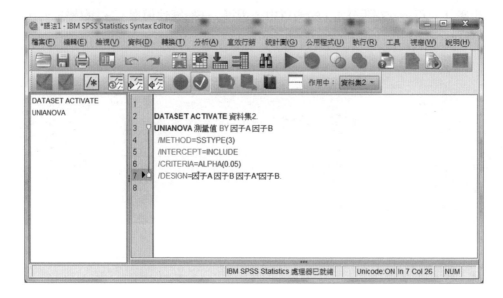

步驟 7　接著在語法中追加以下一列。
/EMMEANS=TABLE（因子 A＊ 因子 B）COMPARE（因子 B）ADJ
(BONFERRONI)

步驟 8　執行如下的語法，按「執行」→「選擇」。

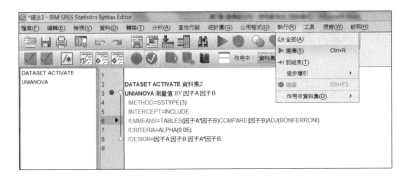

一點靈

請參考使用表 9.1 的資料進行其他檢定時的語法。
t 檢定的語法如下（比較平均數法→獨立樣本 T 檢定）。

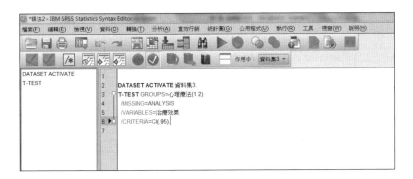

單因子變異數分析的語法如下（比較平均數法→單因子變異數分析）。

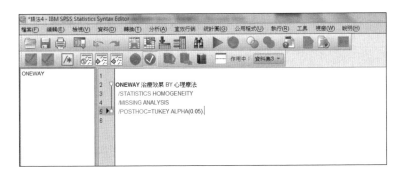

【SPSS 輸出・2】—下位檢定

➡ 單變量的變異數分析

受試者間因子

		個數
因子a	1	9
	2	9
	3	9
	4	9
因子b	1	12
	2	12
	3	12

受試者間效應項的檢定

依變數:測量值

來源	型 III 平方和	自由度	平均平方和	F 檢定	顯著性
校正後的模式	1777.616[a]	11	161.601	28.651	.000
截距	14742.007	1	14742.007	2613.702	.000
因子a	798.207	3	266.069	47.173	.000
因子b	889.521	2	444.760	78.854	.000
因子a＊因子b	89.888	6	14.981	2.656	.040
誤差	135.367	24	5.640		
總和	16654.990	36			
校正後的總數	1912.983	35			

a. R 平方 = .929 (調過後的 R 平方 = .897)

單變量檢定

依變數:測量值

因子a		平方和	自由度	平均平方和	F 檢定	顯著性
1	對比	64.882	2	32.441	5.752	.009
	誤差	135.367	24	5.640		
2	對比	182.536	2	91.268	16.181	.000
	誤差	135.367	24	5.640		
3	對比	335.149	2	167.574	29.710	.000
	誤差	135.367	24	5.640		
4	對比	396.842	2	198.421	35.179	.000
	誤差	135.367	24	5.640		

← ③   ← ②

在顯示其他效應項的各水準組合中,因子b多變量 簡單效果的-個F 檢定。這些檢定
是以估計的邊際平均數中的線性自變數成對 比較為基礎。

【輸出結果的判讀・2】—下位檢定

② 在因子 A 的各水準 A_1, A_2, A_3, A_4 中進行因子 B 的單因子變異數分析。

③ 譬如，水準 A_3 變成如下：

假設 H_0：水準 B_1 , B_2 , B_3 之間無差異。

顯著水準 0.000< 顯著水準 0.05，則假設 H_0 被否定。

因此，在水準 A_3 的條件下，因子 B 的水準 B_1 , B_2 , B_3 之間有差異。

（註）請注意差異之值！

誤差 =135.367

與二元配置變異數分析的誤差 = 135.367 相一致。

此即爲下位檢定之意。

【SPSS 輸出・3】— Bonferroni 多重比較

成對的比較

因子a	(I) 因子b	(J) 因子b	平均數差異 (I-J)	標準誤	顯著性ª	差異的 95% 信賴區間ª 下限	上限
1	1	2	-2.033	1.939	.914	-7.024	2.957
		3	4.400	1.939	.098	-.591	9.391
	2	1	2.033	1.939	.914	-2.957	7.024
		3	6.433*	1.939	.009	1.443	11.424
	3	1	-4.400	1.939	.098	-9.391	.591
		2	-6.433*	1.939	.009	-11.424	-1.443
2	1	2	-.967	1.939	1.000	-5.957	4.024
		3	9.033*	1.939	.000	4.043	14.024
	2	1	.967	1.939	1.000	-4.024	5.957
		3	10.000*	1.939	.000	5.009	14.991
	3	1	-9.033*	1.939	.000	-14.024	-4.043
		2	-10.000*	1.939	.000	-14.991	-5.009
3	1	2	-2.100	1.939	.869	-7.091	2.891
		3	11.767*	1.939	.000	6.776	16.757
	2	1	2.100	1.939	.869	-2.891	7.091
		3	13.867*	1.939	.000	8.876	18.857
	3	1	-11.767*	1.939	.000	-16.757	-6.776
		2	-13.867*	1.939	.000	-18.857	-8.876
4	1	2	-3.167	1.939	.347	-8.157	1.824
		3	12.233*	1.939	.000	7.243	17.224
	2	1	3.167	1.939	.347	-1.824	8.157
		3	15.400*	1.939	.000	10.409	20.391
	3	1	-12.233*	1.939	.000	-17.224	-7.243
		2	-15.400*	1.939	.000	-20.391	-10.409

← ⑤　← ④

以可估計的邊際平均數爲基礎

*. 在水準 .05 的平均數差異顯著。

a. 多重比較調整：Bonferroni。

【輸出結果的判讀 ·3】── Bonferroni 的多重比較

④ 在因子 A 的各水準 A_1 , A_2 , A_3 , A_4 中進行因子 B 的 3 水準 B_1, B_2, B_3 的多重比較。

⑤ 譬如，在水準 A_3 的條件下，可知：

水準 B_1 與水準 B_3 之間有差異；

水準 B_2 與水準 B_3 之間有差異。

第 10 章
Friedman 檢定與多重比較

本章內容

10.1 Friedman**檢定簡介**

使用表 10.1 的數據，利用 SPSS 進行 Friedman 檢定看看。
當母體的常態性有問題時，要進行無母數檢定。

【數據類型】

以下數據是調查因用藥造成的心跳數，想了解時間對心跳數之影響。
此數據摘錄自 D.M.Fisher。

表 10.1　因用藥造成的心跳數（D. M. Fisher）

患者名＼時間	用藥前	1 分後	5 分後	10 分後
陳一	67	92	87	68
林二	92	112	94	90
張三	58	71	69	62
李四	61	90	83	66
王五	72	85	72	69

【數據輸入的類型】

將表 10.1 的資料如下輸入。

Note

10.2 利用SPSS的Friedman 檢定

【統計處理的步驟】

步驟 1 按一下「分析」，從「無母數檢定」的清單中，選擇「舊式對話記錄」→「K 個相關樣本」。

步驟 2 出現以下畫面，點選「用藥前」，然後按一下 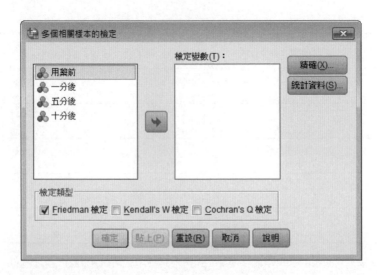，將「用藥前」移動到「檢定變數」的方框之中。

步驟 3　同樣，將其他變數同樣依序移到「檢定變數」的方框中。

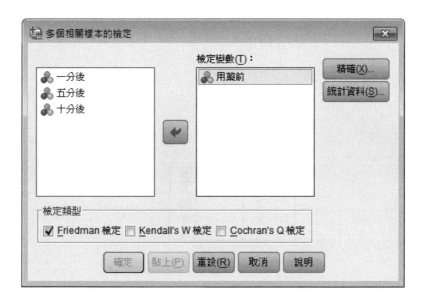

步驟 4　如以下畫面，之後只要以滑鼠按「確定」即可。

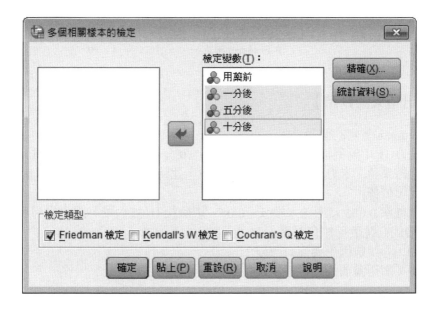

【SPSS 輸出】— Friedman 檢定

NPar 檢定

Friedman 檢定

等級

	等級平均數
用藥前	1.50
一分後	4.00
五分後	2.90
十分後	1.60

檢定統計量ª

個數	5
卡方	12.918
自由度	3
漸近顯著性	.005

←①

a. Friedman 檢定

【輸出結果的判讀】

① Friedman 檢定的假設是：

「假設 H_0：用藥前、1 分後、5 分後、10 分後的心跳數沒有差異」。觀察輸出結果時，卡方檢定統計量＝ 12.918，此時的顯著機率是 0.005。

因此，依據：

顯著機率 0.005 ＜顯著水準 $\alpha = 0.05$，則假設 H_0 被捨棄，因之從用藥前到 10 分後的心跳數可知有差異。

亦即，心跳數因用藥而有改變！

那麼，與用藥前的心跳數出現差異是幾分後呢？

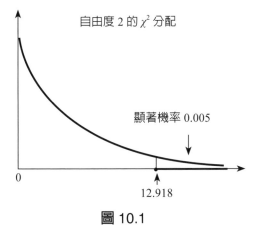

自由度 2 的 χ^2 分配

顯著機率 0.005

12.918

圖 10.1

10.3 多重比較

像反複測量的數據或時間性測量的數據，利用 Turkey 的方法對所有組合進行多重比較，通常被認為不太有意義。

將用藥前當作控制組（Control group）想進行多重比較時，可利用 Bonferroni 的不等式進行修正看看。

因此，就以下三種組合：

用藥前與 1 分後、用藥前與 5 分後、用藥前與 10 分後，

分別進行 Wilcoxon 符號等級檢定，其顯著機率比 $\dfrac{\alpha}{3}\left(\dfrac{0.05}{3}\right)$ 小的組合，即可下結論說有顯著差異。

【數據輸入的類型】

將表 10.1 的資料如下輸入。

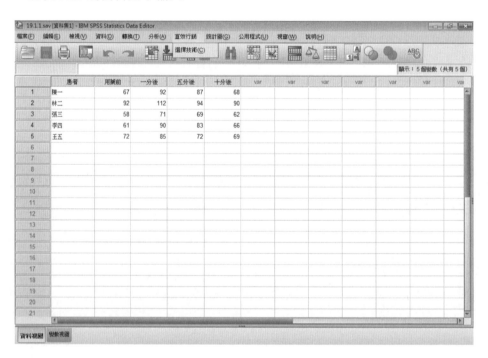

【統計處理的步驟】

步驟 1　按一下「分析」，「無母數檢定」的清單之中，選擇「二個相關樣本檢定」。

步驟 2　出現以下畫面，點選「用藥前」與「1 分後」變成藍色後，再以滑鼠按一下 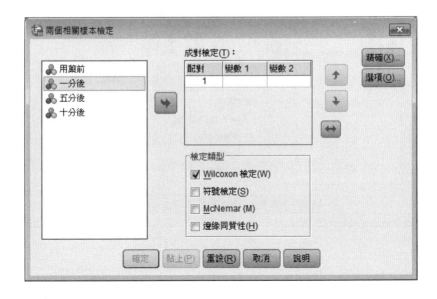 。

步驟3 如圖「成對檢定」的方框中變成「用藥前」與「1 分後」。同樣再將「用藥前」與「5 分後」、「用藥前」與「10 分後」、一同移到右方的方框中。

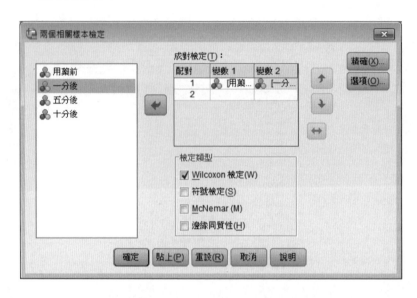

步驟4 當「成對檢定」的方框內容變成如下時，即準備就緒，之後以滑鼠按一下「確定」。

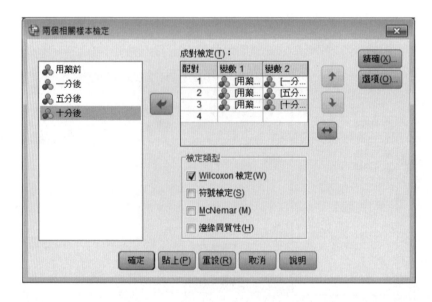

【SPSS 輸出】— Friedman 檢定的多重比較

NPar 檢定

Wilcoxon 符號等級檢定

等級

		個數	等級平均數	等級總和
一分後 - 用藥前	負等級	0ᵃ	.00	.00
	正等級	5ᵇ	3.00	15.00
	等值結	0ᶜ		
	總和	5		
五分後 - 用藥前	負等級	0ᵈ	.00	.00
	正等級	4ᵉ	2.50	10.00
	等值結	1ᶠ		
	總和	5		
十分後 - 用藥前	負等級	2ᵍ	2.50	5.00
	正等級	3ʰ	3.33	10.00
	等值結	0ⁱ		
	總和	5		

a. 一分後 < 用藥前
b. 一分後 > 用藥前
c. 用藥前 = 一分後
d. 五分後 < 用藥前
e. 五分後 > 用藥前
f. 用藥前 = 五分後
g. 十分後 < 用藥前
h. 十分後 > 用藥前
i. 用藥前 = 十分後

檢定統計量ᶜ

	一分後 - 用藥前	十分後 - 五分後	十分後 - 用藥前
Z 檢定	-2.032ᵃ	-2.023ᵇ	-.674ᵃ
漸近顯著性 (雙尾)	.042	.043	.500	←②

a. 以負等級為基礎。
b. 以正等級為基礎。
c. Wilcoxon 符號等級檢定

【輸出結果的判讀】

② 此檢定是 Wilcoxon 符號等級檢定，假設分別為：

「假設 H_0：用藥前與 1 分後的心跳數相等」。
「假設 H_0：用藥前與 5 分後的心跳數相等」。
「假設 H_0：用藥前與 10 分後的心跳數相等」。

因此，想進行多重比較時，利用 Bonferroni 的不等式，將顯著機率比 $\dfrac{\alpha}{3} = \dfrac{0.05}{3}$ 小的組合視為有差異。

但是，觀察輸出結果時，顯著機率分別為 0.042, 0.043, 0.500，任一者均比 0.05/3 大，因之利用 Bonferroni 的多重比較，對任一組合之間不能說有差異。

至於前面的 Friedman 檢定，雖然說至少有一組合之間出現差異，但何組之間有差異呢？不得而知。

Tea Break

像這樣，變異數分析的結果與多重比較的結果不一定經常會一致。但是，利用 Scheffe 法的多重比較可以說與變異數分析的結果是一致的。

第 11 章
Kolmogorov-Smirnov 檢定

本章內容

11.1 Kolmogorov-Smirnov 檢定簡介

Kolmogorov-Smirnov（以下簡稱為 K-S）檢定，有幾種類型。

此處，先就兩組 A，B 之差來考察吧。

K-S 檢定是從「調查兩個經驗分配函數」開始的。但是，經驗分配函數是什麼呢？

■ 經驗分配函數的定義

對大小為 N 的數據 $\{X_1，X_2，\cdots\cdots\cdots\cdots X_N\}$ 來說，假設：

$$F_N(x) = \frac{x 以下的數據個數}{N}$$

將此 $F_N(x)$ 稱為 $\{X_1，X_2，\cdots\cdots\cdots\cdots X_N\}$ 的經驗分配函數。

亦即，所謂經驗分配函數是對各個數據 X_i，設定機率 $\frac{1}{N}$ 後的機率分配之分配函數。可是，即使如此仍然不得其門而入嗎？

請看以下的具體例。

■ 經驗分配函數範例

當已知大小 N 的數據時：

表 11.1　組 A 的數據

No.	1	2	3	4	5	6	7	8	9	10
X	22	24	20	35	41	38	30	24	35	24

將此 10 個數據如下重新排序後，再製作經驗分配函數。

表 11.2 經驗分配函數

數據	次數	累積次數	機率	經驗分配函數 $F_N(X)$
20	1	1	$\dfrac{1}{10}$	$\dfrac{1}{10}$
22	1	2	$\dfrac{1}{10}$	$\dfrac{2}{10}$
24	3	5	$\dfrac{3}{10}$	$\dfrac{5}{10}$
30	1	6	$\dfrac{1}{10}$	$\dfrac{6}{10}$
35	2	8	$\dfrac{2}{10}$	$\dfrac{8}{10}$
38	1	9	$\dfrac{1}{10}$	$\dfrac{9}{10}$
41	1	10	$\dfrac{1}{10}$	$\dfrac{10}{10}$

當已知有兩個組 A，B 之數據時，可依下方步驟進行：

步驟 1 求出各自的經驗分配函數。

步驟 2 其次，調查兩個經驗分配函數之差 $F_N(X)-G_N(X)$。

如上即可進行組間之差的檢定，我們將此檢定稱爲 K-S 檢定。

步驟 1 求組 A 的經驗分配函數 $F_N(X)$。

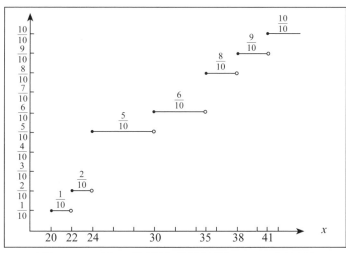

圖 11.1 組 A 的經驗分配函數 $F_N(X)$ 之圖形

表 11.3　組 B 的數據

No.	1	2	3	4	5	6	7	8	9	10
X	40	32	43	23	43	36	40	36	40	40

（註）兩個組的數據個數若不同也行。

步驟 2　求組 B 的經驗分配函數 $G_N(X)$。

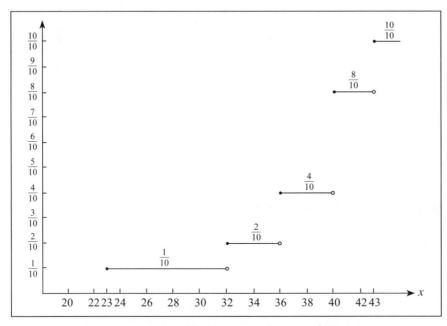

圖 11.2　組 B 的經驗分配函數 $G_N(X)$ 之圖形

步驟 3　將兩個經驗分配函數之圖形重疊。

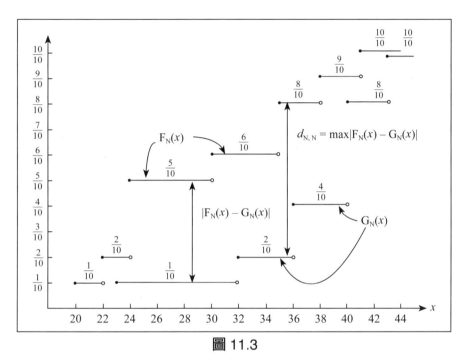

圖 11.3

（註）調查兩個經驗分配函數之差，取絕對值。

步驟 4　調查兩個經驗分配函數 $F_N(X)$，$G_N(X)$ 之差，也就是 $|F_N(X) - G_N(X)|$。

表 11.4　兩個經驗分配函數之差 $|F_N(X) - G_N(X)|$

數據 X	$F_N(X)$	$G_N(X)$	$|F_N(X) - G_N(X)|$
20	$\frac{1}{10}$		$\left|\frac{1}{10} - 0\right| = \frac{1}{10}$
22	$\frac{2}{10}$		$\left|\frac{2}{10} - 0\right| = \frac{2}{10}$
23		$\frac{1}{10}$	$\left|\frac{2}{10} - \frac{1}{10}\right| = \frac{1}{10}$
24	$\frac{5}{10}$		$\left|\frac{5}{10} - \frac{1}{10}\right| = \frac{4}{10}$
30	$\frac{6}{10}$		$\left|\frac{6}{10} - \frac{1}{10}\right| = \frac{5}{10}$
32		$\frac{2}{10}$	$\left|\frac{6}{10} - \frac{2}{10}\right| = \frac{4}{10}$
35	$\frac{8}{10}$		$\left|\frac{8}{10} - \frac{2}{10}\right| = \frac{6}{10}$ ← max $|F_N(X) - G_N(X)|$
36		$\frac{4}{10}$	$\left|\frac{8}{10} - \frac{4}{10}\right| = \frac{4}{10}$
38	$\frac{9}{10}$		$\left|\frac{9}{10} - \frac{4}{10}\right| = \frac{5}{10}$
40		$\frac{8}{10}$	$\left|\frac{9}{10} - \frac{8}{10}\right| = \frac{1}{10}$
41	$\frac{10}{10}$		$\left|\frac{10}{10} - \frac{8}{10}\right| = \frac{2}{10}$
43		$\frac{10}{10}$	$\left|\frac{10}{10} - \frac{10}{10}\right| = 0$

此時，對兩個經驗分配函數之差的最大值：

$$d_{N,N} = \max \left| F_n(x) - G_{n(x)} \right| = \frac{6}{10}$$

而言的顯著比率，可由以下的數表求出。

K-S 檢定的數表

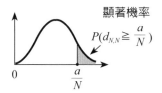

a \ N	7	8	9	10	11	12
1	1	1	1	1	1	1
2	0.9627	0.9801	0.9895	0.9945	0.9971	0.9985
3	0.5752	0.6601	0.7301	0.7869	0.8326	0.8690
4	0.2121	0.2827	0.3517	0.4175	0.4792	0.5361
5	0.0530	0.0870	0.1259	0.1678	0.2115	0.2558
6	0.0082	0.0186	0.0336	0.0524	0.0747	0.0995
7	0.0006	0.0025	0.0063	0.0123	0.0207	0.0314
8		0.0002	0.0007	0.0021	0.0044	0.0079

因此，由此數表可知雙邊顯著機率 $P(d_{N,N} \geq \frac{6}{10}) = 0.0524$

雙邊顯著機率 0.0524 ＞顯著水準 0.05，則無法否定假設。

話說，此檢定的假設是什麼？

當然，是假設 H_0：兩個組之間並無差異。

必須注意

將顯著水準 $P(d_{N,N} \geq \dfrac{6}{10})$ 的不等號的地方當作 $P(d_{N,N} > \dfrac{6}{10})$ 時，事實即

$P(d_{N,N} > \dfrac{6}{10}) = 0.012341$。

【數據輸入類型】

將表 11.1 與 11.3 的數據如下輸入。

	組	測量值	var	var
1	1	22		
2	1	24		
3	1	20		
4	1	35		
5	1	41		
6	1	38		
7	1	30		
8	1	24		
9	1	35		
10	1	24		
11	2	40		
12	2	32		
13	2	43		
14	2	23		
15	2	43		
16	2	36		
17	2	40		
18	2	36		
19	2	40		
20	2	40		
21				
22				

（註） 組 A……1

組 B……2

Note

11.2 K-S檢定步驟

【統計處理的步驟】

步驟 1　數據輸入結束後，點選「分析」，從中選擇「無母數檢定」，再選擇「二個獨立樣本」之檢定。

步驟 2　出現如下畫面時，將「測量值」移到「檢定變數清單」的方框中，將「組」移到「分組變數」的方框中。利用「定義組別」，變成了「組（1 2）」時，勾選「Kolmogorov-Smirnov Z 檢定」，再按「確定」。

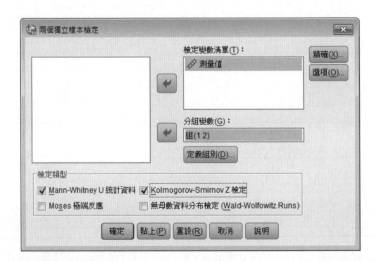

【SPSS 輸出】-K-S 檢定

二樣本 Kolmogorov-Smirnov 檢定

次數

	組	N
測量值	組 A	10
	組 B	10
	總計	20

檢定統計資料 [a]

	組	測量值
最極端差異	絕對	.600
	正	.600
	負	.000
Kolmogorov-Smirnov Z 檢定		1.342
漸近顯著性（雙尾）		0.55	←①

a. 變數分組：組

【輸出結果的判讀】

① 如比較顯著機率與顯著水準時，因為 0.055 > 0.05，則無法否定假設 H_0。
　 因此，組 A 與組 B 之間不能說有差異。

Note

第 12 章
Mantel-Haenszel 檢定

本章內容

12.1 Mantel-Haenszel檢定簡介

所謂 Mantel-Haenszel 檢定是指「兩個組的有效比率之差異檢定」。
請看以下數據。

表 12.1　藥 A 與藥 B 的有效比率

組	有效	無效	有效比率
藥 A	130	70	0.65
藥 B	70	130	0.35

此種數據的情形：

$$藥 A 的有效比率……\frac{130}{130+70}=0.65$$

$$藥 B 的有效比率……\frac{70}{70+130}=0.35$$

所以藥 A 可以認為比藥 B 有效。

但是，此種數據稱為辛普森悖論（Simpson's paradox），試著將以下的層別數據合併後再加以製作。

表 12.2　年輕層

		有效	無效	有效比率
層 1 （年輕）	藥 A	120	40	0.75
	藥 B	30	10	0.75

表 12.3　老年層

		有效	無效	有效比率
層 2 （老年）	藥 A	10	30	0.25
	藥 B	40	120	0.25

如觀察有效比率時，不管是老年層或是年輕層，藥 A 與藥 B 的有效比率並無差異。

但如與表 12.1 相比較，會發現的確有些差異！

　　在層別數據的情形下，將兩個層想像成一個層，有時會發生如此困擾的問題。

　　當有此種層別的不平衡時，將它調整後再進行差異之檢定，此手法即為「Mantel-Haenszel 檢定」。

　　以下數據是針對腦中風後的痴呆症患者，調查使用了抗憂劑 A、B 之後，對癡呆的改善覺得有效與無效的人，其情形分別如下。

表 12.4

	抗憂劑	效果	
		有效	無效
阿茲海默症型癡呆（……層1）	抗憂劑 A	29 人	11 人
	抗憂劑 B	42 人	18 人
血管性癡呆（……層2）	抗憂劑 A	53 人	24 人
	抗憂劑 B	27 人	32 人

　　試調查兩種抗憂劑 A、B 的有效性是否有差異。

12.2 Mantel-Haenszel檢定步驟

Mantel-Haenszel 檢定是由以下所構成。

步驟 1　首先，檢定以下的假設：

假設 H_0：阿茲海默型的勝算比與血管性的勝算比相同。

此檢定稱為 Breslow-Day 檢定。

如否定此步驟 1 的假設時，各層進行：

就阿茲海默型癡呆，比較抗憂劑 A、B。
就血管性癡呆，比較抗憂劑 A、B。

此步驟 1 的假設如未能否定時，則假定共同的勝算比，接著進入到以下的步驟 2。

步驟 2　檢定以下的假設：

假設 H_0：抗憂劑 A、B 的有效性相同。

此檢定稱為 Mantel-Haenszel 檢定。

（註）此檢定可以想成是調整偏差的檢定。

【數據輸入類型】

將表 12.4 的數據如下輸入。

注意「患者數」需要加權。

	層	抗憂劑	效果	患者數	var
1	1	1	1	29	
2	1	1	0	11	
3	1	2	1	42	
4	1	2	0	18	
5	2	1	1	53	
6	2	1	0	24	
7	2	2	1	27	
8	2	2	0	32	
9					

（註）　層：阿茲海默型……1

血管性…………2

抗憂劑 A……1

抗憂劑 B……2

效果：有效……1

無效……0

■ 加權的步驟

步驟 1 點選「資料」，選擇「加權觀察值」。

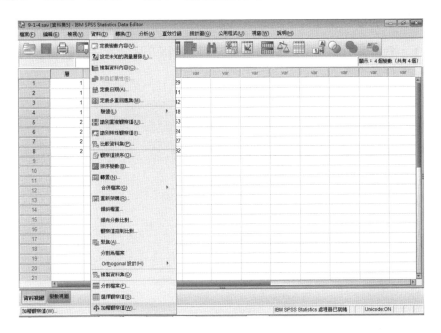

步驟 2 出現如下畫面時，選擇「觀察值加權依據」，將「患者數」移到「次數變數」中，按「確定」。

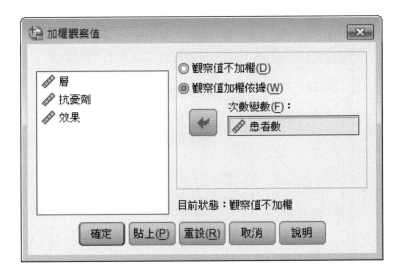

12.3 利用SPSS的Mantel-Haenszel檢定步驟

【統計處理的步驟】

步驟 1 數據輸入結束後，點選「分析」，選擇「描述性統計資料」，再選擇「交叉表」。

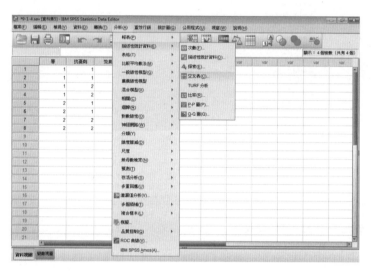

步驟 2 變成以下畫面時，將「抗憂劑」移到「列」的方框中，將「效果」移到「直欄」的方框中，將「層」移到「圖層」的方框中，然後按「統計資料」。

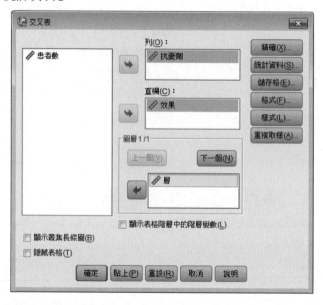

步驟 3　如下勾選後，按「繼續」，即回到步驟 2 的畫面，再按「確定」。

【SPSS 輸出・1】

勝算比的同質性檢定

	卡方	df	漸近顯著性 （2 端）	
Breslow-Day	2.130	1	.144	← ①
Tarone's	2.128	1	.145	

條件式獨立性檢定

	卡方	df	漸近顯著性 （2 端）	
Cochran's	5.293	1	.021	← ②
Mantel-Haenszel	4.636	1	.031	← ③

在條件式獨立性假設下，僅當階層數目是固定值，而 Mante-Haenszel 統計資料一律作爲 1 df 卡方進行漸近分配時。

Cochran's 統計資料才會作爲 1 df 卡方進行漸近分配。

請注意，當所觀察值與預期值之間差異總和爲 0 時，會從 Mantel-Haenszel 統計資料中移除持續更正。

Mantel-Haenszel 一般勝算比預估

估計			.530	
In(Estimate)			-.634	
In(Estimate) 的標準誤			.280	
漸近顯著性（2 端）			.024	← ④
漸近 95% 們賴區間	一般勝算比	下限	.307	
		上限	.918	
	In(Common Odds Ratio)	下限	-1.183	
		上限	.005	

Mantel-Haenszel 一般勝算比預估正常漸近分配在 1.000 假設的一般勝算比之下。因此是預估的自然對數。

【輸出結果的判讀 ·1】

① 這是 Breslow-Day 檢定。
假設 H_0：阿茲海默型的勝算比與血管性的勝算比相等，檢定統計量是 2.130。
顯著機率 0.144 > 顯著水準 0.05，則假設 H_0 無法捨棄。
因此，假定共同的勝算比似乎可行。

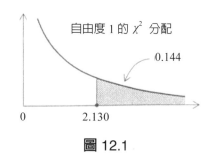

圖 12.1

② 這是 Cochran 檢定。
此檢定也稱為 Mantel-Haenszel 檢定。
假設 H_0：抗憂鬱劑 A 與 B 的有效性相同。
亦可說成假設 H_0：共同的勝算比 =1 也是相同的。
檢定統計量是 5.293。
顯著機率 0.021< 顯著水準 0.05，則假設 H_0 被否定。
因此，抗憂鬱劑 A 與 B 的有效性有差異。

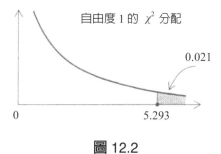

圖 12.2

③ Mantel-Haenszel 檢定，是連續修正②的檢定。
其假設 H_0 是與②相同。
④ 共同的勝算比是 0.530。
對數勝算比是 $\log(0.530) = -0.634$。

【SPSS 輸出・2】

抗憂劑＊效果＊層交叉列表

計數

層			效果		總計
			無效	有效	
阿茲海默症	抗憂劑	A	11	29	40
		B	18	42	60
	總計		29	71	100
血管性	抗憂劑	A	24	53	77
		B	32	27	59
	總計		56	80	136
總計	抗憂劑	A	35	82	117
		B	50	69	119
	總計		85	151	236

←⑤

（註）連續修正時只挪移 0.5。

【輸出結果之判讀・2】

⑤ 從此交叉表試求出經連續修正後之 Mantel-Haenszel 的檢定統計量。

$$檢定統計量 = \frac{\left\{\left|(11+24) - \frac{(29*40)}{100} + \frac{56*37}{136}\right| - 0.5\right\}^2}{\frac{29*71*40*60}{100^2(100-1)} + \frac{56*80*77*59}{136^2(136-1)}}$$

$$= 60.932/13.142$$

$$= 4.636$$

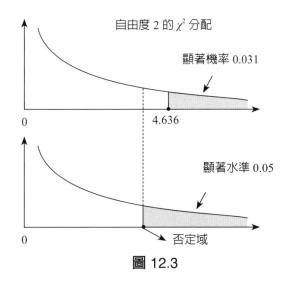

圖 12.3

因檢定統計量 4.636 落在否定域中，故假設 H_0 被否定。

（註）Mantel-Haenszel 檢定統計量公式如下：

$$M = \frac{\left\{ \left| \sum\limits_{i=1}^{k} a_i - \sum\limits_{i=1}^{k} \left(\dfrac{m_{1i} - n_{1i}}{N_i} \right) \right| - \dfrac{1}{2} \right\}^2}{\sum\limits_{i=1}^{k} \left(\dfrac{m_{1i}\, m_{2i}\, n_{1i}\, n_{2i}}{N_i^2 (N_i - 1)} \right)}$$

	治療群	對照群	計
生存	a_k	b_k	n_{1k}
死亡	c_k	d_k	n_{2k}
計	m_{1k}	m_{2k}	N_k

第 13 章
Cochran's Q檢定

13.1 Cochran 簡介

13.2 利用 SPSS 的 Cochran 分析步驟

13.3 應用範例

本章內容

13.1 Cochran簡介

將 McNemar test 擴展使用，即爲寇克蘭 Q 檢定（Cochran's Q test）。假設有 k 種處理，每種處理分別獨立使用很多次，其結果可整理爲 2×k 的列聯表，並以卡方檢定比較這 k 種處理的差異性。

在統計學中，對反應變量只能取兩種可能結果（編碼爲 0 和 1）的雙向隨機區組設計進行分析時，Cochran's Q 檢定是一種非參數檢定，用於驗證 k 個處理是否具有相同的效果。它以威廉·格梅爾·科克倫（William Gemmell Cochran）命名。不應將 Cochran 的 Q 檢定與 Cochran 的 C 檢定相混淆，這是一個變異數異常值檢定。用簡單的技術術語來說，Cochran's Q 檢定要求只有一個二元反應（例如成功 / 失敗或 1/0），並且有超過兩個相同大小的組。該測試評估組之間的成功比例是否相同，它通常用於評估同一現象的不同觀察者是否具有一致的結果（觀察者間變異性）。

Cochran's Q 檢定假設有 $k > 2$ 個實驗處理，並且觀察值排列在 b 區塊中，也就是：

	治療 1	治療 2	...	治療 k
區塊 1	X_{11}	X_{12}	...	$X_{1\mp}$
區塊 2	X_{21}	X_{22}	...	$X_{2\mp}$
區塊 3	X_{31}	X_{32}	...	$X_{3\mp}$
...	...	...	...	...
區塊 b	X_{b1}	X_{b2}	...	X_{bk}

Cochran's Q 檢定是：

虛無假設（H_0）：治療同樣有效。

替代假設（H_a）：治療之間的有效性存在差異。

Cochran's Q 檢定統計量是：

$$T = k(k-1) \frac{\sum\limits_{j=1}^{k} \left(X_{\bullet j} - \frac{N}{k}\right)^2}{\sum\limits_{i=1}^{b} X_{i\bullet}(k - X_{i\bullet})}$$

（註）k 是治療次數

$X_{\bullet j}$ 是第 j 個處理的列總數

b 是塊數

$X_{i\bullet}$ 是第 i 個塊的行總數

N 是總計

　　其中，$X_{1-\alpha,k-1}^2$ 是自由度爲 $k-1$ 分配的 $(1-\alpha)-$ 分位數。如果檢定統計量在臨界區，則拒絕原假設。如果 Cochran 檢定拒絕同等有效治療的原假設，則可以通過對感興趣的兩種治療應用 Cochran's Q 檢定來進行成對多重比較。

　　下表數據是隨機抽取 20 位學生，調查其四種學科 (A,B,C,D) 成績合格與否的結果（合格 :1，不合格 :2）。

表 13.1

ID	A 學科	B 學科	C 學科	D 學科
1	1	1	1	1
2	0	0	1	1
3	1	1	0	0
4	1	0	1	1
5	1	0	1	0
6	0	1	1	1
7	1	1	0	1
8	1	1	1	1
9	1	0	0	0
10	1	0	1	1
11	1	1	0	1
12	0	0	1	0
13	1	0	1	1
14	0	1	0	1
15	1	0	1	1
16	1	0	1	0
17	1	1	0	0
18	1	0	1	1
19	1	1	1	0
20	1	1	1	0

　　試檢定合格率是否依各學科而有差異。

13.2 利用SPSS 的Cochran分析步驟

【資料輸入形式】

將表 13.1 的資料如下輸入。

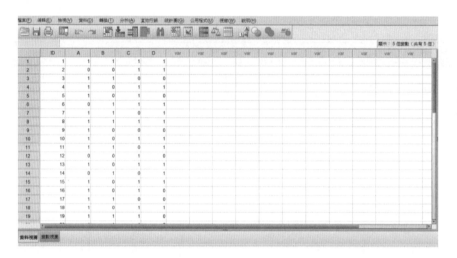

【統計處理的步驟】

步驟 1 點選「分析」→「無母數檢定」→「歷史對話記錄」→「k 個相關
樣本」。

步驟 2　畫面如下，將「A,B,C,D」輸入至「檢定變數」後，點選「Cochran's Q 檢定」，接著按「精確」。

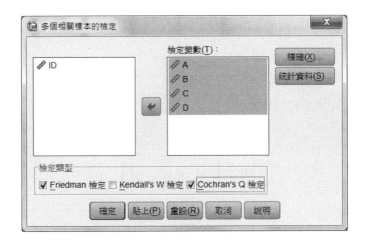

步驟 3　如下點選「精確」後，按「繼續」→「確定」。

【輸出結果的判讀】

所建立之虛無假設為 H0：合格率依科目之不同無顯著差異。

　　由結果可知漸近顯著性為 0.261，而精確顯著性為 0.280，兩者均小於 0.05，因之不否定 H_0，故可以判定合格率依科目之不同無顯著差異。

Cochran Test

Frequencies

	Value	
	0	1
A	4	16
B	10	10
C	6	14
D	8	12

Test Statistics

N	20
Cochran's Q	4.000[a]
df	3
Asymp. Sig.	.261
Exact Sig.	.280
Point Probability	.038

a. 1 is treated as a success.

Note

13.3 應用範例

1.概要

　　某復健科醫生擬評價復健訓練對中風後患者體能恢復的效果。患者分別在開始復健、復健 3 個月和復健 6 個月時進行體能測試。為了保證一致性，三次體能測試內容是一樣的，體能測試的結果分為「通過」和「不通過」。該醫生想知道中風後患者體能測試的結果為「通過」的比例是否一直上升。

　　該研究隨機選取 63 例進行復健訓練的中風後患者，並蒐集了所有研究對象的「開始復健時（Initial fitness test）」，「復健 3 個月時（Month3 fitness test）」和「復健 6 個月時（Final fitness test）」的體能測試結果。結果分為「通過（Passed）」和「不通過（Failed）」的形式（分別賦值為 1 和 2）。部分數據如下圖。

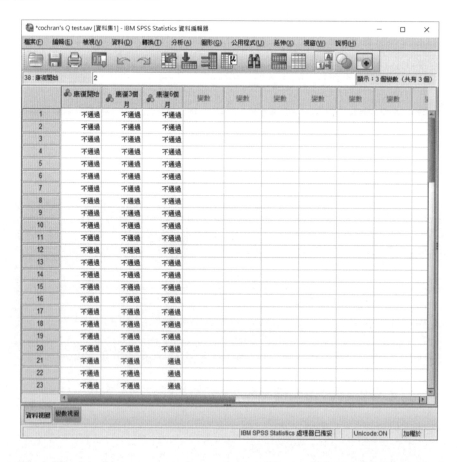

整理後的資料如下：

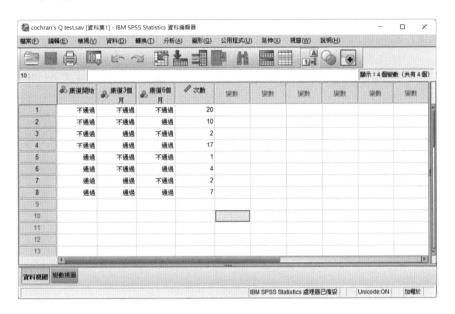

2.對問題的分析

要檢定三組或多組相關樣本中，其分類變量是否存在差異，可以使用 Cochran's Q 檢定，但需要考慮以下四個假設。

假設 1：結局變量為二分類，且兩類之間互斥。互斥是指一個研究對象只能在一個分組中，不可能同時出現在兩個組中。例如「安全」和「不安全」，「及格」和「不及格」等。（當變量為連續變量或有序分類變量時，可參考 Friedman 檢定）

假設 2：分組變量包含三個及以上分類，且各組之間相關。（當分組變量只有兩個分類時，可使用 McNemar 檢定）

假設 3：樣本是來自於研究人群的隨機樣本。然而實際中，樣本並非全是隨機樣本。

假設 4：樣本量足夠。當樣本量 $n \geq 4$ 且 $nk \geq 24$（k 為分組變量數）時，可以採用 Cochran's Q 檢定；若否則採用「精確」Cochran's Q 檢定。

本研究中，結局變量有兩個分組且互斥（「通過」和「不通過」），符合假設1；分組變量包含三個分類（開始復健、復健3個月和復健6個月時），且各組之間相關，符合假設 2；研究對象是隨機選取，符合假設 3。

那麼應該如何檢定假設 4，並進行比較呢？

3. SPSS操作

3.1 檢定假設4：樣本量足夠

步驟 1 轉換數據格式

如果原始數據格式是總計資料 (Total count data (frequencies))，則可以跳過此步驟。如果原始數據格式是每個患者個別計分 (Individual scores for each porticipant)，則需要將數據轉換成總計資料格式。在主介面點擊「資料」→「聚集」，出現「聚集資料」對話框。將變量「Initial fitness test」、「Month3 fitness test」和「Final fitness test」選入「分段變數」框中。

點擊下方「觀察值數目」框，並在名稱框中填入「freq」。在儲存下方勾選建立「僅包含聚集變數的新資料集」，並在資料及名稱框中填入新數據集的名字（例如「cochran_q_freq」）。

點擊「OK」，產生新數據集。在新數據集中，可以看到新變量「freq」，代表每一種自變量組合的頻數。

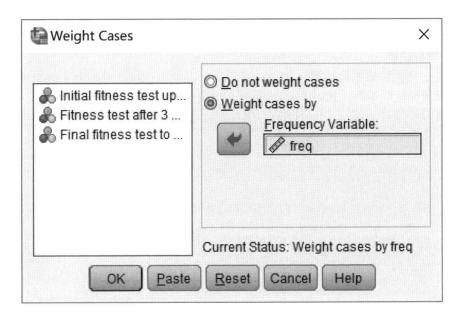

步驟 2　數據加權

使用總計數資料（次數）格式數據，並在主介面點擊「資料」→「加權觀察值」，彈出加權觀察值對話框後，點擊「加權觀察值方式」，啟動「次數變數窗口」。將「freq」變量放入次數變數欄，點擊「OK」。

步驟 3 計算樣本量

本研究的總樣本數 N=63，但計算 Cochran's Q 檢定的樣本量時，需要減去三次測試結果都一致的樣本數。如下圖顯示所示，全部為「未通過」有 20 例，全部為「通過」有 7 例，所以三次測試結果都一致的樣本數為 20 + 7 = 27，Cochran's Q 檢定的樣本量 n = 63 – 27 = 36。

	initial_fitness_test	month3_fitness_test	final_fitness_test	freq
1	Failed	Failed	Failed	20
2	Failed	Failed	Passed	10
3	Failed	Passed	Failed	2
4	Failed	Passed	Passed	17
5	Passed	Failed	Failed	1
6	Passed	Failed	Passed	4
7	Passed	Passed	Failed	2
8	Passed	Passed	Passed	7
9				

其次，需要確定 nk 的大小。由於本研究共有三個分組，所以 k = 3，nk = 36*3 = 108。

綜上所述，n ≥ 4 且 nk ≥ 24，符合假設 4。

3.2 計算比例

在主介面點擊「敘述統計」→「次數分配表」，在次數分配表對話框中，將變量復健開始時「Initial fitness test」、復健 3 個月「Month3 fitness test」和復健 6 個月「Final fitness test」選入變數框中，點擊「OK」。

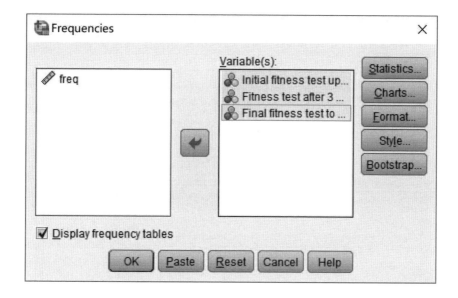

3.3 符合假設4的Cochran's Q檢定

步驟 1　在主介面點擊「分析」→「無母數檢定」→「相關樣本」，出現「非參數化檢定：兩個或多個相關樣本」對話框。確認「您的目標是什麼」區域勾選「自動將觀察到的資料與假設的資料進行比較」。

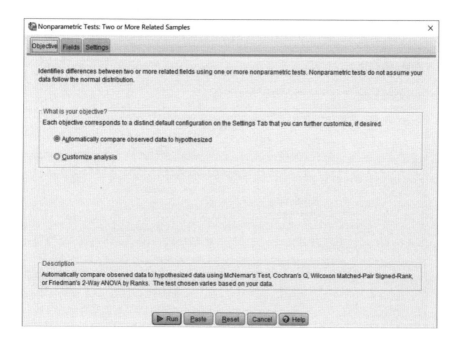

步驟 2　點擊「欄位」，將變量「Initial fitness test」、「Month3 fitness test」和「Final fitness test」選入檢定欄位中。

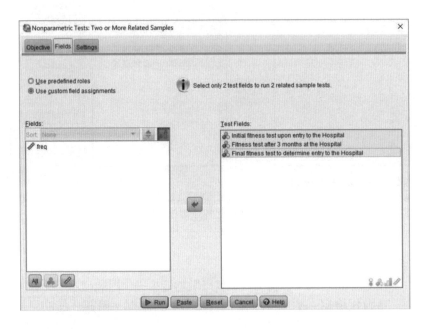

步驟 3　點擊「設定」→「自訂檢定」，勾選「Cochran's Q（k 個樣本）」。

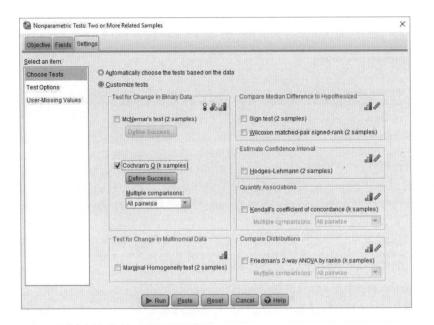

步驟 4　點擊「定義成功」，在 Cochran's Q: 定義成功對話框中，點擊「將值結合到成功種類中」，在成功框中填入「1」（這裡是「成功」對應的編碼，如本例中即為通過體能測試，而「通過」對應的是1，所以這裡填「1」）。點擊「OK」，即開始執行，輸出結果。

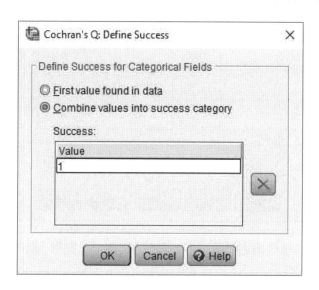

3.4 不符合假設4的「精確」Cochran's Q檢定

步驟 1　當不符合假設 4 時，需要使用「精確」Cochran's Q 檢定。在主介面點擊「分析」→「無母數檢定」→「歷史對話記錄」→「K 個相關樣本」，出現「多個相關樣本檢定」對話框。

如圖將變量「Initial fitness test」、「Month3 fitness test」和「Final fitness test」選入檢定變數框中。在「檢定類型」下方去掉「Friedman」，然後勾選「Cochran's Q」。（如果數據符合假設4，則此時點擊「OK」，結果會與 3.3 部分的操作結果一致）

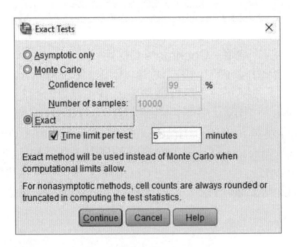

步驟 2　如圖在精確檢定對話框中，點擊「精確」，點擊「繼續」→「OK」。

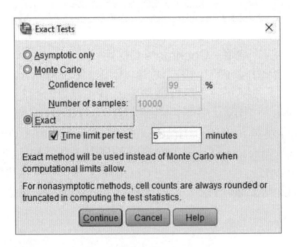

3.5 「精確」Cochran's Q檢定後的兩兩比較

　　對於符合假設 4 的 Cochran's Q 檢定（參考 3.3），事後的兩兩比較將在結果解釋部分說明（4.2）。

　　對於不符合假設 4 的「精確」Cochran's Q 檢定（3.4）事後的兩兩比較，可採用經 Bonferroni 法校正的多重 McNemar 檢定。

步驟 1 在主介面點擊「分析」→「無母數檢定」→「舊式對話框」→「二相關樣本」。在二相關樣本檢定對話框中，依次選擇兩兩比較的變量，分別將變量「Initial fitness test」和「Month3 fitness test」、變量「Initial fitness test」和「Final fitness test」、變量「Month3 fitness test」和「Final fitness test」選入右側檢定配對框中。去掉「檢定類型」下方的「Wilcoxon」，改勾選 McNemar。

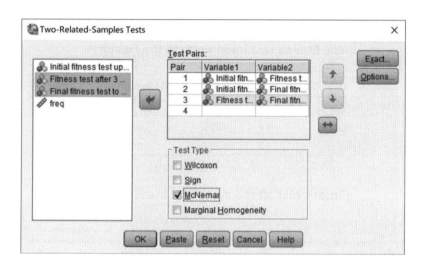

並在精確檢定中勾選「Exact」。

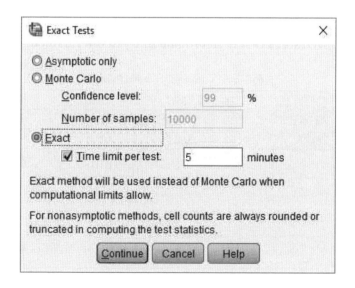

4.結果解釋

4.1 統計描述

　　經 3.2 的操作後，得到的結果見下圖。復健開始、復健 3 個月和復健 6 個月時，其體能測試的通過率分別爲 22.2%、44.4% 和 60.3%。

Frequency Table

Initial fitness test upon entry to the Hospital

		Frequency	Percent	Valid Percent	Cumulative Percent
Valid	Failed	49	77.8	77.8	77.8
	Passed	14	22.2	22.2	100.0
	Total	63	100.0	100.0	

Fitness test after 3 months at the Hospital

		Frequency	Percent	Valid Percent	Cumulative Percent
Valid	Failed	35	55.6	55.6	55.6
	Passed	28	44.4	44.4	100.0
	Total	63	100.0	100.0	

Final fitness test to determine entry to the Hospital

		Frequency	Percent	Valid Percent	Cumulative Percent
Valid	Failed	25	39.7	39.7	39.7
	Passed	38	60.3	60.3	100.0
	Total	63	100.0	100.0	

4.2 符合假設4的Cochran's Q檢定及事後兩兩比較

經 3.3 的操作後，得到 Cochran's Q 檢定結果如下圖。

假設檢定摘要

	虛無假設	檢定	顯著性	決策
1	康復開始, 康復3個月 and 康復6個月 的分配是相同的。	相關樣本 Cochran's Q 檢定	.000	拒絕虛無假設。

顯示漸近顯著性。顯著性層次為 .05。

上圖中，第一欄虛無假設是本研究的假設內容 。第二欄檢定內容為本研究的假設檢定方法，即 Cochran's Q 檢定。第三欄顯著性是假設檢定的統計結果，即 P 值。第四欄決策是根據假設檢定作出的判斷，即判斷是否拒絕虛無假設。

本研究 Cochran's Q 檢定的 P<0.001，則拒絕虛無假設。即開始復健、復健 3 個月和復健 6 個月時，研究對象之體能測試結果，其差異具有統計學意義。

點擊該表，SPSS 會自動彈出 Model Viewer 介面，幫助我們進一步了解虛無檢定摘要表的結果。

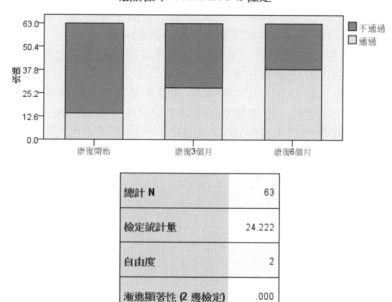

相關樣本 Cochran's Q 檢定

總計 N	63
檢定統計量	24.222
自由度	2
漸進顯著性 (2 邊檢定)	.000

Cochran's Q 檢定統計量服從自由度為 k-1 的 χ^2 分布。本研究的統計量為 24.222，此時統計量可記為 $\chi^2 = 24.222$，P<0.001。

在該視圖下方 View 的下拉選項框中，選擇「成對比較」，可以得到兩兩比較的結果。兩兩比較的方法為 Dunn's 檢定（經 Bonferroni 法校正）。

下方的表格給出了更多訊息：比較的組別、統計量、標準錯誤、標準化的統計量（＝統計量／標準誤）、P 值和調整後的 P 值。

每一個節點都顯示成功樣本數。

Sample1-Sample2	檢定統計量	標準錯誤	標準檢定資料	顯著性	調整後顯著性
康復6個月-康復3個月	.159	.078	2.041	.041	.124
康復6個月-康復開始	.381	.078	4.899	.000	.000
康復3個月-康復開始	.222	.078	2.858	.004	.013

各列皆檢定樣本 1 與樣本 2 配送數相等的虛無假設。
已顯示漸進顯著性（雙邊檢定）。顯著性層次為 .05。
Bonferroni 更正已針對多個測試調整了顯著性值。

由於是事後的兩兩比較（Post hoc test），因此需要調整顯著性水平（調整 α 水平），作為判斷兩兩比較的顯著性水平。依據 Bonferroni 法，調整 α 水平＝原 α 水平 ÷ 比較次數。本研究共比較了三次，故調整 α 水平 =0.05÷3=0.0167。因此，最終得到的 P 值（上圖中顯著性一欄），需要和 0.0167 比較，如小於 0.0167 則認為差異有統計學意義。

另外，SPSS 也提供了調整後 P 值（上圖中調整後顯著性一列），其想法還是採用 Bonferroni 法調整 α 水平。該列是將原始 P 值 × 比較次數得到，因此可以直接和 0.05 比較，如小於 0.05 則認為差異有統計學意義。

以上結果可以描述為：復健開始和復健 3 個月時，研究對象之體能測試結果的差異有統計學意義（調整後 P = 0.013），復健開始和復健 6 個月時，研究對象之體能測試結果的差異有統計學意義（調整後 P < 0.001），而復健 3 個月和復健 6 個月時，研究對象之體能測試結果的差異無統計學意義。

4.3 不符合假設4的「精確」Cochran's Q檢定

經 3.4 的操作中，既可以得到 Cochran's Q 檢定的結果，也可以得到「精確」Cochran's Q 檢定的結果（取決於是否選擇 Exact 選項）。

結果如下圖。在檢定統計量表格中，左側是 Cochran's Q 檢定結果，右側是「精確」Cochran's Q 檢定結果。

檢定統計量

N	63
Cochran's Q	24.222[a]
自由度	2
漸近 顯著性	.000
精確顯著性	.000
點機率	.000

a. 2 被視為成功。

檢定統計量

N	63
Cochran's Q	24.222[a]
自由度	2
漸近 顯著性	.000

a. 2 被視為成功。

如果數據符合假設 4，則 Cochran's Q 檢定統計量服從自由度為 k-1 的 χ^2 分布。左側表格中的 P 值為「漸近顯著性」所對應的「0.000」，即 P < 0.001。本研究的統計量為 24.222，此時統計量可記為 χ^2 = 24.222，P < 0.001。

如果數據不符合假設 4，則右側表格中的 P 值為「精確顯著性」所對應的「0.000」，即 P < 0.001。本研究的統計量為 24.222，此時統計量可記為 Cochran's Q = 24.222，P<0.001。

4.4 「精確」Cochran's Q檢定後的兩兩比較

當不滿足假設 4 時，3.5 部分的操作可得到經 Bonferroni 法校正的多重 McNemar 檢定的結果。

檢定統計量[a]

	康復開始 & 康復3個月	康復開始 & 康復6個月	康復3個月 & 康復6個月
N	63	63	63
卡方檢定[c]		17.633	
漸近 顯著性		.000	
精確顯著性（雙尾）	.007[b]	.000	.031[b]
精確顯著性（單尾）	.003	.000	.015
點機率	.003	.000	.012

a. McNemar 檢定

b. 已使用二項式分佈。

c. 已更正連續性

由於是事後的兩兩比較（事後檢定），因此需要調整顯著性水平（調整 α 水平），作為判斷兩兩比較的顯著性水平。依據 Bonferroni 法，調整 α 水平 = 原 α 水平 ÷ 比較次數。本研究共比較了三次，故調整 α 水平 = 0.05÷3 = 0.0167。因此，最終得到的 P 值（上圖中精確顯著性（雙尾）一欄），需要和 0.0167 比較，如小於 0.0167 則認為差異有統計學意義。

以上結果可以描述為：復健開始和復健 3 個月時研究對象之體能測試結果的差異有統計學意義（P = 0.007），復健開始和復健 6 個月時，研究對象之體能測試結果的差異有統計學意義（P < 0.001），而復健 3 個月和復健 6 個月時，研究對象之體能測試結果的差異無統計學意義。

5. 撰寫結論

5.1 符合假設4時（即樣本量足夠）

開始復健、復健 3 個月和復健 6 個月時，其中風後患者體能測試的通過率分別為 22.2%、44.4% 和 60.3%。運用 Cochran's Q 檢定對三個時間點體能測試通過率進行檢定，三個時間點通過率的差異具有統計學意義，χ^2 = 24.222，P < 0.001。

採用 Dunn's 檢定（經 Bonferroni 法校正）進行事後的兩兩比較，復健開始和復健 3 個月時，研究對象之體能測試結果的差異有統計學意義（調整後 P = 0.013），復健開始和復健 6 個月時，研究對象之體能測試結果的差異有統計學意義（調整後 P < 0.001），而復健 3 個月和復健 6 個月時，研究對象之體能測試結果的差異無統計學意義（調整後 P = 0.124）。

5.2 不符合假設4時

開始復健、復健 3 個月和復健 6 個月時，其中風後患者體能測試的通

過率分別爲 22.2%、44.4% 和 60.3%。運用 Cochran's Q 檢定對三個時間點體能測試通過率進行檢定，三個時間點通過率的差異具有統計學意義，Cochran's Q = 24.222, P < 0.001。

　　運用「精確」McNemar 檢定進行事後的兩兩比較（經 Bonferroni 法校正的 α = 0.0167）。復健開始和復健 3 個月時，研究對象之體能測試結果的差異有統計學意義（P = 0.007），復健開始和復健 6 個月時，研究對象之體能測試結果的差異有統計學意義（P < 0.001），而復健 3 個月和復健 6 個月時，研究對象之體能測試結果的差異無統計學意義（P = 0.031）。

Note

第 14 章
McNemar檢定

本章內容

14.1 McNemar簡介

在母體方面欲知比率上有無差異，以統計驗證方法來說，在無對應之比率的比較上，有卡方檢定。但在有對應之比率的比較上，有 McNemar 檢定或 Cochran's Q 檢定。McNemar 是有對應的成對比較，而 Cochran's Q 是有對應的三組以上之比較。

【數據類型】

在無小孩也不與雙親同住的 20 世代夫婦中，分別向夫與妻雙方打聽，如果與雙親同住時，希望與「夫的雙親」同住？還是希望與「妻的雙親」同住？想比較與「夫的雙親」及「妻的雙親」同住之比率。由於是從相同的夫妻蒐集資料，所以屬於有對應的資料。

【數據輸入類型】

輸入各變數的資料後，如圖所示。「夫」與「妻」的 0 表示希望與「妻的雙親」同住，1 表示希望與「夫的雙親」同住。

圖 14.1　輸入資料的一部分

【統計處理的步驟】

為了觀察「夫」希望與「夫的雙親」同住的人數與比率，以及「妻」希望與「夫的雙親」同住的人數與比率，按「分析」→「敘述性統計資料」→「交叉表」進行，將「夫」與「妻」投入到交叉表的「直欄」與「列」中。並且，在「儲存格」的選項中選擇總和的百分比。另外，比較「夫」與「妻」希望與「夫的雙親」同住的比率，在「統計量」選項中選擇「McNemar」。

以其他的步驟來說，按「分析」→「無母數統計檢定」進行，選擇檢定的種類再執行的方法也有。如果是 McNemar 檢定時，進入到「成對樣本的檢定」，投入兩個變數後，選擇 McNemar。

步驟 1　點選「分析」→「敘述性統計資料」→「交叉表」

步驟 2 　將「夫」與「妻」投入到交叉表的「直欄」與「列」中。

步驟 3 　點選「統計資料」，勾選「McNemar」後按「繼續」。

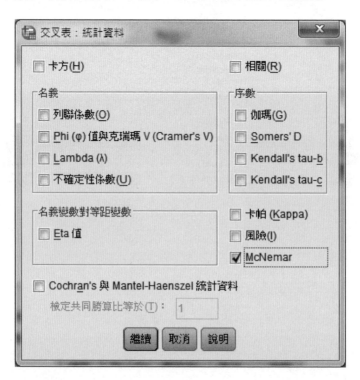

步驟 4 點選「儲存格」，如下點選「百分比」中的「總計」。之後按「繼
續」與「確定」。

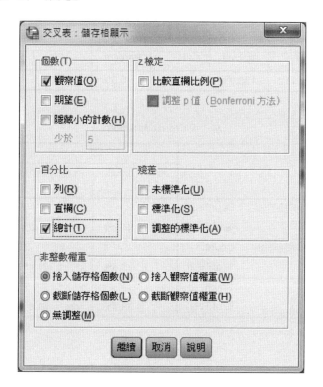

【輸出結果判讀】

顯示由 112 組夫妻得出資料的結果。表 14.1 是交叉表，觀察此表時，可
知 112 組夫妻中，「夫」希望與「夫的雙親」同住的比率是 61.6%（69組），
「妻」希望與「夫的雙親」同住的比率是 25.0%（28 組）。另外，21.4%（24
組）的夫婦，其「夫」和「妻」均希望與「夫的雙親」同住。

進行 McNemar 檢定的結果，如表 14.2 所示。觀察此檢定結果，顯著機率
（P 值）顯示是 0.000，則統計上有顯著差。因之，「夫」與「妻」希望與「夫
的雙親」同住的比率可以判斷是有差異的。

表 14.1

Case Processing Summary

	Cases					
	Valid		Missing		Total	
	N	Percent	N	Percent	N	Percent
妻 * 夫	112	100.0%	0	0.0%	112	100.0%

妻 * 夫 Crosstabulation

			夫		Total
			與妻的雙親同住	與夫的雙親同住	
妻	與妻的雙親同住	Count	39	45	84
		% of Total	34.8%	40.2%	75.0%
	與夫的雙親同住	Count	4	24	28
		% of Total	3.6%	21.4%	25.0%
Total		Count	43	69	112
		% of Total	38.4%	61.6%	100.0%

表 14.2

Chi-Square Tests

	Value	Exact Sig. (2-sided)	Exact Sig. (1-sided)	Point Probability
McNemar Test		.000[a]	.000[a]	.000[a]
N of Valid Cases	112			

a. Binomial distribution used.

Note

14.2 應用範例

1.概要

從台北市內通勤的大學生隨機抽出 200 人，進行如下的意見調查。

（詢問 1）您擁有行動電話嗎？

        A. 有   B. 無

（詢問 2）您擁有數位相機嗎？

        A. 有   B. 無

將此回答結果整理成如下的 2×2 分割表（數字表示人數）。

行動電話

		有	無	合計
數位相機	有	80	40	120
	無	30	50	80
	合計	110	90	200

試問擁有行動電話的學生之比率，與擁有數位相機的學生之比率能否說有差異呢？

2.對問題的分析

(1) 想法

200 人分別對詢問 1 與詢問 2 回答，因之必須注意同時具有行動電話與數位相機的人。檢定此兩個比率差的方法有 McNemar 檢定。

(2) McNemar檢定

擁有行動電話者的母體比率設為 P_A，擁有數位相機者的母體比率設為 P_B，假設即為如下：

虛無假設 $H_0 : P_A = P_B$
對立假設 $H_1 : P_A \neq P_B$

以如下分割表說明計算方法，表中的 a、b、c、d 是表示次數。

行動電話

		有	無
數位相機	有	a	b
	無	c	d

此時的檢定統計量 χ^2 是

$$\chi^2 = \frac{(|b-c|-1)^2}{b+c}$$

此 χ^2 值是利用在虛無假設 H_0 之下，服從自由度 1 的 χ^2 分配來進行檢定。此型的分割表有如下的例子：

〈例 1〉檢定比率是否依時間的變化而變化。

教育後

		贊成	反對
教育前	贊成	a	b
	反對	c	d

〈例 2〉檢定複數回答的選項間比率是否有差異。

選項 2

		選擇	未選擇
選項 1	選擇	a	b
	未選擇	c	d

〈例 3〉檢定兩個檢查項目中的陽性比率是否有差異。

檢查 2

		贊成	反對
檢查 1	贊成	a	b
	反對	c	d

3. SPSS的操作

步驟 1　資料的輸入。

以輸入累計結果的方式解說。如以輸入累計前的原始資料之方式來進行也相同。

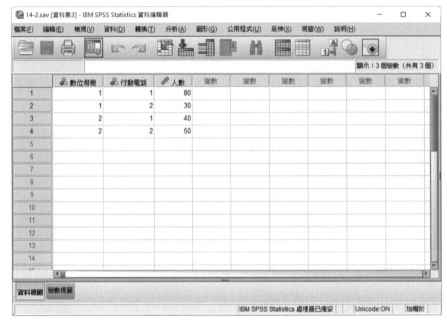

（註）「行動電話」的變數，加上 1= 有，2= 無的數值註解。
「數位相機」的變數，加上 1= 有，2= 無的數值註解。
「人數」的變數，要先宣言是次數變數。

步驟 2　製作交叉累計表。
從「分析」的清單選擇「敘述統計」─「交叉資料表」。

步驟 3 出現如下的對話框。

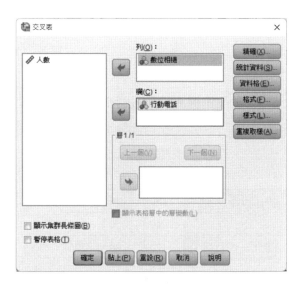

在「列」選擇「數位相機」，於「欄」選擇「行動電話」的變數。
接著，按一下「統計資料」，出現如下的對話框。

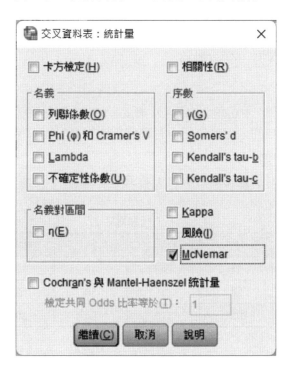

選擇「McNemar」，按一下「繼續」，回到前面的對話框。接著再按「確定」即可得出檢定結果。

4. 結果解釋

(1) 檢定的結果

數位相機 * 行動電話交叉表

計數

		行動電話		
		有	無	總計
數位相機	有	80	30	110
	無	40	50	90
總計		120	80	200

卡方檢定

	數值	精確顯著性（雙尾）
McNema 檢定		.282[a]
有效觀察值的個數	200	

a. 使用二項式分配

(2) 結果的看法

顯著機率（雙尾）= 0.282 > 顯著水準 α = 0.05，則無法否定虛無假設。亦即，擁有行動電話的人之比率與擁有數位相機的人之比率不能說有差異。

(3) 二項檢定的利用

本例題也可用二項檢定進行解析，作法如下。

		行動電話		
		有	無	合計
數位相機	有	80	40	120
	無	30	50	80
	合計	110	90	200

　　只擁有行動電話或數位相機其中一種的人爲 70 (40+30) 人。其中如注意只擁有行動電話的人是 30 人。因此，以 70 人中有 30 人的資料爲依據，來檢定機率是否爲 0.5，進行二項檢定。

■ 二項檢定的結果

NPar 檢定

二項式檢定

		類別	個數	觀察比例	檢定比例	漸近顯著性 (雙尾)
人數	組別1	30	30	.43	.50	.282[a]
	組別2	40	40	.57		
	總和		70	1.00		

a. 以 Z 近似爲基礎。

〈參考〉
如計算精確機率時，得出如下結果。

◆ NPar 檢定

二項式檢定

		類別	個數	觀察比例	檢定比例	漸近顯著性 (雙尾)	精確顯著性 (雙尾)
人數	組別1	30.00	30	.43	.50	.282[a]	.282
	組別2	40.00	40	.57			
	總和		70	1.00			

a. 以 Z 近似爲基礎。

此精確機率值 0.282 與 McNemar 的檢定結果一致。

Note

_____

_____

_____

_____

_____

_____

_____

_____

_____

_____

_____

_____

_____

_____

_____

_____

_____

第 15 章
Dunnett檢定、Steel-Dwass 檢定

本章內容

15.1 無母數統計利用Dunnett法的多重比較

Dunnett 法是以參照組為中心，就以下的所有組合調查有無差異。

參照組也稱為控制類或參照類。

譬如，參照組 A 與實驗組 B, C, D, E 的組合如下。

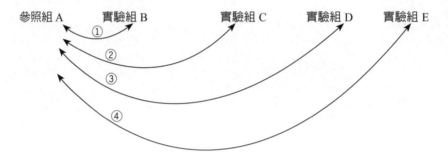

其組合數是 5 − 1 = 4。

Note

15.2 Dunnett的多重比較

【數據模型】

以下數據是針對治療糖尿病所使用的 3 種藥 A、B、C，調查用藥前與用藥後 30 分其血糖值之差的結果。

表 15.1

藥 A

NO.	血糖值之差
1	110
2	65
3	78
4	83
5	27
6	132
7	141
8	109
9	86
10	87
11	66
12	78
13	81
14	95
15	92

藥 B

NO.	血糖值之差
1	124
2	89
3	81
4	103
5	139
6	155
7	87
8	154
9	116
10	94
11	137
12	81
13	76
14	89
15	114

藥 C

NO.	血糖值之差
1	84
2	59
3	62
4	41
5	129
6	124
7	87
8	99
9	59
10	56
11	134
12	82
13	67
14	68
15	77

想知道的事情是什麼？
此處將藥 A 當作參照組，與藥 B、藥 C 比較看看。
將藥 A 當作參照組時的組合是？

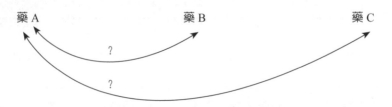

【數據輸入類型】

表 15.1 的數據如下輸入。

	藥種類	血糖值差	Var	Var	Var	Var	Var	Var	Var	Var	Var	Var
1	1	110										
2	1	65										
3	1	78										
4	1	83										
5	1	27										
6	1	132										
7	1	141										
8	1	109										
9	1	86										
10	1	87										
11	1	66										
12	1	78										
13	1	81										
14	1	95										
15	1	92										
16	2	124										
17	2	89										
18	2	81										
19	2	103										
20	2	139										
21	2	155										
22	2	87										
23	2	154										
24	2	116										
25	2	94										
26	2	137										
27	2	81										
28	2	76										
29	2	89										
30	2	114										
31	3	84										
32	3	59										
33	3	62										
34	3	41										
35	3	129										
36	3	124										
37	3	87										
38	3	99										
39	3	59										
40	3	56										
41	3	134										
42	3	82										
43	3	67										
44	3	68										
45	3	77										
46												

（註）藥的種類是組變數。

藥 A 對應 1

藥 B 對應 2

藥 C 對應 3

15.3 Dunnett的多重比較步驟

【統計處理的步驟】

步驟 1 數據輸入結束後，點選「分析」，選擇「比較平均數法」，接著選擇「單向 ANOVA」。

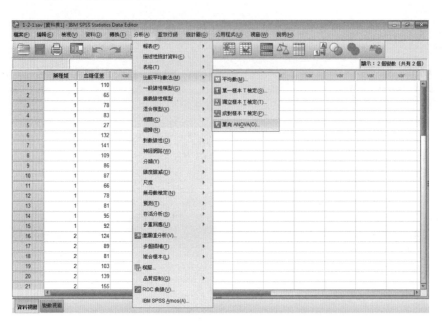

步驟 2 變成以下畫面時，將「血糖值差」移到「因變數清單」，「藥類移」到「因素」的方框中，按一下「Post Hoc 檢定」。

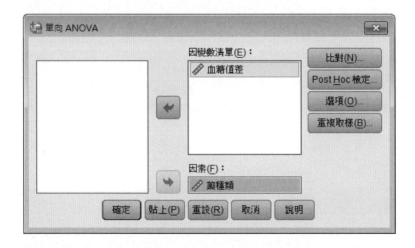

步驟 3　出現以下畫面時，點選「Dunnett 檢定」，將「控制種類」變成「第一個」，接著按「繼續」。

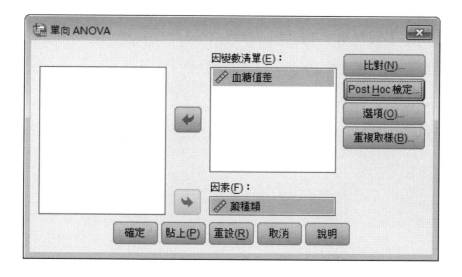

步驟 4　回到以下畫面，按「確定」。

【SPSS 輸出 ·1】— Dunnett 的多重比較

變異數分析

血糖值差

	平方和	df	平均值平方	F	顯著性
群組之間	6106.800	2	3053.400	3.968	.026
在群組內	32322.000	42	769.571		
總計	38428.800	44			

事後測試

多重比較

因變數： 血糖值差

Dunnett t（雙邊）[a]

(I) 藥種類	(J) 藥種類	平均差異 (I-J)	標準錯誤	顯著性	95% 信賴區間 下限	95% 信賴區間 上限	
2	1	20.600	10.130	.087	-2.58	43.78	← ①
3	1	-6.800	10.130	.727	-29.98	16.38	← ②

a. Dunnett t 測試將一個群組視為一個控制項，並將所有其他群組與其進行比較。

【輸出結果的判讀 ·1】

① 關於藥 B（＝實驗組）與藥 A（＝參照組）中，
顯著機率 0.087 > 顯著水準 0.05，可知沒有顯著差。

② 關於藥 C（＝實驗組）與藥 A（＝參照組）中，
顯著機率 0.727 > 顯著水準 0.05，可知沒有顯著差。

【SPSS 輸出 · 2】— Dunnett 的多重比較

以藥 C 當作參照組，進行 Dunnett 的多重比較看看。

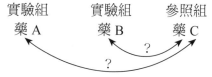

實驗組　　　實驗組　　　參照組
藥 A　　　　藥 B　　　　藥 C

得出如下的輸出結果，記得將「控制種類」變成「最後」。

多重比較

依變數：血糖值差
Dunnett t檢定(雙邊檢定)ª

(I) 藥種類	(J) 藥種類	平均差異(I-J)	標準誤	顯著性	95% 信賴區間		
					下界	上界	
1	3	6.80	10.13	.727	-16.38	29.98	← ③
2	3	27.40*	10.13	.019	4.22	50.58	← ④

*. 在 .05 水準上的平均差異很顯著。

a. Dunnett t檢定將某一組別當成控制，並用來與所有其他組別做比較。

【輸出結果的判讀 · 2】

③ 關於藥 A（＝實驗組）與藥 C（＝參照組）中，
顯著機率 0.727 > 顯著水準 0.05，可知沒有顯著差。
④ 關於藥 B（＝實驗組）與藥 C（＝參照組）中，
顯著機率 0.019 < 顯著水準 0.05，可知有差異之組合是藥 B 與藥 C。

15.4 Steel-Dwass**的多重比較**

是否有對應 Tukey 多重比較的無母數多重比較呢？
有的！！
那就是 Steel–Dwass 的檢定，步驟如下。

■ Steel–Dwass**的檢定步驟**
步驟 1　數據假定得出如下。

表 15.2

組 A	組 B	組 C
48	102	84
65	98	106
87	83	72
62	117	99
55	126	100

步驟 2　將組 A 與組 B 合在一起設定等級，求出組 A 的等級和 RAB。

組 A	組 B
48	102
65	98
87	83
62	117
55	126

⇒

組 A	組 B
1	8
4	7
6	5
3	9
2	10
16	

⇒

↖ 等級和 RAB

其次，將組 A 與組 C 合在一起設定等級，求出組 A 的等級和 RAC。

組 A	組 C
48	84
65	106
87	72
62	99
55	100

⇒

組 A	組 C
1	6
4	10
7	5
3	8
2	9
17	

⇒

↖ 等級和 RAC

最後，將組 B 與組 C 合在一起設定等級，求出組 B 的等級和 RBC。

組 B	組 C
102	84
98	106
83	72
117	99
126	100

$\Rightarrow$

組 B	組 C
7	3
4	8
2	1
9	5
10	6
32	

等級和 RBC

步驟 3　計算以下的統計量

$$E = \frac{5(2 \times 5 + 1)}{2} \longleftarrow \frac{n(2n+1)}{2}$$
$$= 27.5$$

$$V = \frac{5^2 \times (2 \times 5 + 1)}{12} \longleftarrow \frac{n^2(2n+1)}{12}$$
$$= 22.91667$$

（註）數據數依組而有不同，或有同等級時，此統計量也會改變。

步驟 4　計算各組合中的檢定統計量。
- 組 A 與組 B 的檢定統計量 TAB

$$TAB = \frac{RAB - E}{\sqrt{V}} = \frac{16 - 27.5}{\sqrt{22.91667}} = -2.40227$$

- 組 A 與組 C 的檢定統計量 TAC

$$TAC = \frac{RAC - E}{\sqrt{V}} = \frac{17 - 27.5}{\sqrt{22.91667}} = -2.19338$$

- 組 B 與組 C 的檢定統計量 TBC

$$TBC = \frac{RBC - E}{\sqrt{V}} = \frac{32 - 27.5}{\sqrt{22.91667}} = 0.940019$$

步驟 5 比較檢定統計量與否定界限。

- 組 A 與組 B 的比較

 當 $|TAB| \geq \dfrac{q(a,\infty;0.05)}{\sqrt{2}}$ 時，A 與 B 之間有差異。

 因 $|-2.40227| \geq \dfrac{q(3,\infty;0.05)}{\sqrt{2}} = 2.3437$，所以有差異。

- 組 A 與組 C 之比較

 當 $|TAC| \geq \dfrac{q(a,\infty;0.05)}{\sqrt{2}}$ 時，A 與 C 之間有差異。

 因 $|-2.19338| < \dfrac{q(3,\infty;0.05)}{\sqrt{2}} = 2.3437$，不能說有差異。

- 組 B 與組 C 之比較

 當 $|TBC| \geq \dfrac{q(a,\infty;0.05)}{\sqrt{2}}$ 時，B 與 C 之間有差異。

 因 $|0.940019| < \dfrac{q(3,\infty;0.05)}{\sqrt{2}} = 2.3437$，不能說有差異。

其中，$q(a,\infty;0.05)$ 可由以下數字中求出。

標準距分配的上側 5% 點

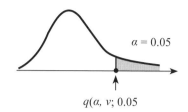

$q(a, v; 0.05)$

a \ v	2	3	4	5	6	7	8	9
2	6.085	8.331	9.798	10.881	11.784	12.434	13.027	13.538
3	4.501	5.910	6.825	7.502	8.037	8.478	8.852	9.177
4	3.927	5.040	5.757	6.287	6.706	7.053	7.347	7.602
5	3.635	4.602	5.218	5.673	6.033	6.330	6.582	6.801
6	3.460	4.339	4.896	5.305	5.629	5.895	6.122	6.319
7	3.344	4.165	4.681	5.060	5.369	5.605	5.814	5.996
8	3.261	4.041	4.529	4.886	5.167	5.399	5.596	5.766
9	3.199	3.948	4.415	4.755	5.023	5.244	5.432	5.594
10	3.151	3.877	4.327	4.654	4.912	5.124	5.304	5.460
11	3.113	3.820	4.256	4.574	4.823	5.028	5.202	5.353
12	3.081	3.773	4.199	4.508	4.750	4.949	5.118	5.265
13	3.055	3.734	4.151	4.453	4.690	4.884	5.049	5.192
14	3.033	3.701	4.111	4.407	4.639	4.829	4.990	5.130
15	3.014	3.673	4.076	4.367	4.595	4.782	4.940	5.077
16	2.998	3.649	4.046	4.333	4.557	4.741	4.896	5.031
17	2.984	3.628	4.020	4.303	4.524	4.705	4.858	4.991
18	2.971	3.609	3.997	4.276	4.494	4.673	4.824	4.955
19	2.960	3.593	3.977	4.253	4.468	4.645	4.794	4.924
20	2.950	3.578	3.958	4.232	4.445	4.620	4.768	4.895
60	2.829	3.399	3.737	3.977	4.163	4.314	4.441	4.550
80	2.814	3.377	3.711	3.947	4.129	4.278	4.402	4.509
100	2.806	3.365	3.695	3.929	4.109	4.256	4.379	4.484
120	2.800	3.356	3.685	3.917	4.096	4.241	4.363	4.468
240	2.786	3.335	3.659	3.887	4.063	4.205	4.324	4.427
360	2.781	3.328	3.650	3.877	4.052	4.193	4.312	4.413
∞	2.772	3.314	3.633	3.858	4.030	4.170	4.286	4.387

【數據輸入類型】

SPSS 並未提供 Steel-Dwass 檢定的選項,試使用 EXCEL 進行檢定看看。
將表 15.2 的數據如下輸入。

	A	B	C	D	E
1	A	B	C		
2	48	102	84		
3	65	98	106		
4	87	83	72		
5	62	117	99		
6	55	126	100		
7					
8					
9					

Note

15.5 Steel-Dwass檢定步驟

【統計處理的的步驟】

步驟 1　將數據如下複製、貼上。

	A	B	C	D	E	F	G
1	A	B	C				
2	48	102	84				
3	65	98	106				
4	87	83	72				
5	62	117	99				
6	55	126	100				
7							
8	A	B	A	C	B	C	
9	48	102	48	84	102	84	
10	65	98	65	106	98	106	
11	87	83	87	72	83	72	
12	62	117	62	99	117	99	
13	55	126	55	100	126	100	
14							

步驟 2　從 A14 拖曳到 B18，輸入
　　　　＝ RANK(A9 : B13 , A9 : B13 , 1)
　　　　同時按住 Ctrl+Shift+Enter。
　　　　接著，從 C14 拖曳到 D18，輸入
　　　　＝ RANK(C9 : D13 , C9 : D13 , 1)
　　　　同時按住 Ctrl+Shift+Enter。
　　　　最後，從 E14 拖曳到 F18，輸入
　　　　＝ RANK(E9 : F13 , E9 : F13 , 1)
　　　　同時按住 Ctrl+Shift+Enter。

	A	B	C	D	E	F	G	H
7								
8	A	B	A	C	B	C		
9	48	102	48	84	102	84		
10	65	98	65	106	98	106		
11	87	83	87	72	83	72		
12	62	117	62	99	117	99		
13	55	126	55	100	126	100		
14	1	8	1	6	7	3		
15	4	7	4	10	4	8		
16	6	5	7	5	2	1		
17	3	9	3	8	9	5		
18	2	10	2	9	10	6		
19								
20								

步驟 3　為了求等級和，
於 A19 方格中輸入＝ SUM(A14 : A18)
於 C19 方格中輸入＝ SUM(C14 : C18)
於 E19 方格中輸入＝ SUM(E14 : E18)

	A	B	C	D	E	F	G	H
7								
8	A	B	A	C	B	C		
9	48	102	48	84	102	84		
10	65	98	65	106	98	106		
11	87	83	87	72	83	72		
12	62	117	62	99	117	99		
13	55	126	55	100	126	100		
14	1	8	1	6	7	3		
15	4	7	4	10	4	8		
16	6	5	7	5	2	1		
17	3	9	3	8	9	5		
18	2	10	2	9	10	6		
19	16		17		32			
20								
21								

步驟 4　於 B21 的方格輸入
　　　　　＝ 5*(2*5+1)/2
　　　　　於 D21 的方格輸入
　　　　　＝ 5^2*(2*5+1)/12

	A	B	C	D	E	F	G	H
7								
8	A		B	A	C	B	C	
9	48	102	48	84	102	84		
10	65	98	65	106	98	106		
11	87	83	87	72	83	72		
12	62	117	62	99	117	99		
13	55	126	55	100	126	100		
14	1	8	1	6	7	3		
15	4	7	4	10	4	8		
16	6	5	7	5	2	1		
17	3	9	3	8	9	5		
18	2	10	2	9	10	6		
19	16		17		32			
20								
21	E	27.5	V	22.91667				
22								

步驟 5　為了求檢定統計量，於
　　　　　B23 的方格中輸入＝ (A19－B21)/D21^0.5
　　　　　D23 的方格中輸入＝ (C19－B21)/D21^0.5
　　　　　F23 的方格中輸入＝ (E19－B21)/D21^0.5

	A	B	C	D	E	F	G	H
7								
8	A		B	A	C	B	C	
9	48	102	48	84	102	84		
10	65	98	65	106	98	106		
11	87	83	87	72	83	72		
12	62	117	62	99	117	99		
13	55	126	55	100	126	100		
14	1	8	1	6	7	3		
15	4	7	4	10	4	8		
16	6	5	7	5	2	1		
17	3	9	3	8	9	5		
18	2	10	2	9	10	6		
19	16		17		32			
20								
21	E	27.5	V	22.91667				
22								
23	TAB	-2.40227	TAC	-2.19338	TBC	0.940019		
24								
25								

步驟 6　爲了求檢定統計量的絕對值，於
B24 的方格中輸入＝ ABS(B23)
D24 的方格中輸入＝ ABS(D23)
F24 的方格中輸入＝ ABS(F23)

	A	B	C	D	E	F	G	H
7								
8	A	B	A	C	B	C		
9	48	102	48	84	102	84		
10	65	98	65	106	98	106		
11	87	83	87	72	83	72		
12	62	117	62	99	117	99		
13	55	126	55	100	126	100		
14	1	8	1	6	7	3		
15	4	7	4	10	4	8		
16	6	5	7	5	2	1		
17	3	9	3	8	9	5		
18	2	10	2	9	10	6		
19	16		17		32			
20								
21	E	27.5	V	22.91667				
22								
23	TAB	-2.40227	TAC	-2.19338	TBC	0.940019		
24		2.402272		2.193378		0.940019		
25								
26								

步驟 7　與否定界限比較。

$$否定界限 = \frac{q(3, \infty; 0.05)}{\sqrt{2}} = \frac{3.3145}{\sqrt{2}} = 2.3437$$

	組 A	組 B	組 C
組 A		2.402272*	2.193378
組 B			0.940019
組 C			

因此，可知組 A 與組 B 之間有差異。

15.6 Steel的多重比較

對應 Dunnett 的多重比較之無母數檢定，即為 Steel 檢定。

■ Steel檢定的步驟

步驟 1　數據當作如下。

表 15.3

參照組	實驗組	實驗組
組 A	組 B	組 C
48	102	84
65	98	106
87	83	72
62	117	99
55	126	100

步驟 2　將組 A 與組 B 合在一起設定等級，求出組 A 的等級和 RAB。

組 A	組 B
48	102
65	98
87	83
62	117
55	126

組 A	組 B
1	8
4	7
6	5
3	9
2	10
16	等級和 RAB

將組 A 與組 C 合在一起設定等級，求出組 A 的等級和 RAC。

組 A	組 C
48	84
65	106
87	72
62	99
55	100

組 A	組 C
1	6
4	10
7	5
3	8
2	9
17	等級和 RAC

步驟 3 計算以下的統計量。

$$E = \frac{5(2 \times 5 + 1)}{2} \longleftarrow \frac{n(2n+1)}{2}$$
$$= 27.5$$

$$V = \frac{5^2 \times (2 \times 5 + 1)}{12} \longleftarrow \frac{n^2(2n+1)}{12}$$
$$= 22.91667$$

步驟 4 計算檢定統計量
- 組 A 與組 B 的檢定統計量 TAB

$$TAB = \frac{RAB - E}{\sqrt{V}} = \frac{16 - 27.5}{\sqrt{22.91667}} = -2.40227$$

- 組 A 與組 C 的檢定統計量 TAC

$$TAC = \frac{RAC - E}{\sqrt{V}} = \frac{17 - 27.5}{\sqrt{22.91667}} = -2.19338$$

步驟 5 比較檢定統計量與否定界限。

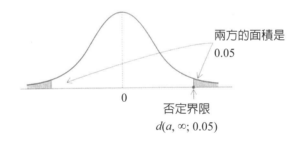

兩方的面積是 0.05

0

否定界限
$d(a, \infty; 0.05)$

- 組 A 與組 B 的比較
  當 $|TAB| \geq d(a, \infty; 0.05)$ 時，A 與 B 之間有差異。
  步驟 4 的檢定統計量是 −2.40227，因為
  $$|TAB| = |-2.40227| \geq d(3, \infty; 0.05) = 2.212$$
  所以，A 與 B 之間有差異。
- 組 A 與組 C 之比較
  當 $|TAC| \geq d(a, \infty; 0.05)$ 時，A 與 C 之間有差異。
  步驟 4 的檢定統計量是 −2.19338，
  因 $|TAC| = |-2.19338| < d(3, \infty; 0.05) = 2.212$

所以，A 與 C 之間不能說有差異。

其中，$d(a, \infty; 0.05)$ 可由以下數表中求出。

表 15.4　Dunnett 法的雙邊 5% 點

a / v	2	3	4	5	6	7	8	9
2	4.303	5.418	6.065	6.513	6.852	7.123	7.349	7.540
3	3.182	3.866	4.263	4.538	4.748	4.916	5.056	5.176
4	2.776	3.310	3.618	3.832	3.994	4.125	4.235	4.328
5	2.571	3.030	3.293	3.476	3.615	3.727	3.821	3.900
6	2.447	2.863	3.099	3.263	3.388	3.489	3.573	3.644
7	2.365	2.752	2.971	3.123	3.239	3.332	3.409	3.476
8	2.306	2.673	2.880	3.023	3.132	3.219	3.292	3.354
9	2.262	2.614	2.812	2.948	3.052	3.135	3.205	3.264
10	2.228	2.568	2.759	2.891	2.990	3.070	3.137	3.194
11	2.201	2.532	2.717	2.845	2.941	3.019	3.084	3.139
12	2.179	2.502	2.683	2.807	2.901	2.977	3.040	3.094
13	2.160	2.478	2.655	2.776	2.868	2.942	3.004	3.056
14	2.145	2.457	2.631	2.750	2.840	2.913	2.973	3.024
15	2.131	2.439	2.610	2.727	2.816	2.887	2.947	2.997
16	2.120	2.424	2.592	2.708	2.796	2.866	2.924	2.974
17	2.110	2.410	2.577	2.691	2.777	2.847	2.904	2.953
18	2.101	2.399	2.563	2.676	2.762	2.830	2.887	2.935
19	2.093	2.388	2.551	2.663	2.747	2.815	2.871	2.919
20	2.086	2.379	2.540	2.651	2.735	2.802	2.857	2.905
60	2.000	2.265	2.410	2.508	2.582	2.642	2.691	2.733
80	1.990	2.252	2.394	2.491	2.564	2.623	2.671	2.712
100	1.984	2.244	2.385	2.481	2.554	2.611	2.659	2.700
120	1.980	2.238	2.379	2.475	2.547	2.604	2.651	2.692
240	1.970	2.235	2.364	2.458	2.529	2.585	2.632	2.672
360	1.967	2.221	2.359	2.453	2.523	2.579	2.626	2.665
∞	1.960	2.212	2.349	2.442	2.511	2.567	2.613	2.652

【數據輸入類型】

SPSS 並未提供 Steel 檢定的選項，因之使用 EXCEL 進行檢定看看。
將表 15.3 的數據如下輸入。

	A	B	C	D	E
1	A	B	C		
2	48	102	84		
3	65	98	106		
4	87	83	72		
5	62	117	99		
6	55	126	100		
7					

15.7 Steel檢定步驟

【統計處理的的步驟】

步驟 1　將數據如下複製、貼上。

	A	B	C	D	E
1	A	B	C		
2	48	102	84		
3	65	98	106		
4	87	83	72		
5	62	117	99		
6	55	126	100		
7					
8	A	B	A	C	
9	48	102	48	84	
10	65	98	65	106	
11	87	83	87	72	
12	62	117	62	99	
13	55	126	55	100	
14					
15					

步驟 2　從 A14 拖曳到 B18，輸入
　　　　 = RANK(A9 : B13 , A9 : B13 , 1)
　　　　 再同時按住 Ctrl+Shift+Enter。
　　　　 接著，從 C14 拖曳到 D18，輸入
　　　　 = RANK(C9 : D13 , C9 : D13 , 1)
　　　　 再同時按住 Ctrl+Shift+Enter。

	A	B	C	D	E
1	A	B	C		
2	48	102	84		
3	65	98	106		
4	87	83	72		
5	62	117	99		
6	55	126	100		
7					
8	A	B	A	C	
9	48	102	48	84	
10	65	98	65	106	
11	87	83	87	72	
12	62	117	62	99	
13	55	126	55	100	
14	1	8	1	6	
15	4	7	4	10	
16	6	5	7	5	
17	3	9	3	8	
18	2	10	2	9	
19					
20					

步驟 3　爲了求等級和，
於 A19 的方格中輸入＝ SUM(A14 : A18)
於 C19 的方格中輸入＝ SUM(C14 : C18)

14	1	8	1	6	
15	4	7	4	10	
16	6	5	7	5	
17	3	9	3	8	
18	2	10	2	9	
19	16		17		
20					
21					

步驟 4　於 B21 的方格中，輸入
＝ 5*(2*5+1)/2
於 D21 的方格中，輸入
＝ 5^2*(2*5+1)/12

14		1	8	1	6	
15		4	7	4	10	
16		6	5	7	5	
17		3	9	3	8	
18		2	10	2	9	
19		16		17		
20						
21	E		27.5	V	22.91667	
22						
23						

步驟 5 爲了求檢定統計量，於
B23 的方格中輸入＝ (A19－B21)/D21^0.5
D23 的方格中輸入＝ (C19－B21)/D21^0.5

14	1	8	1	6
15	4	7	4	10
16	6	5	7	5
17	3	9	3	8
18	2	10	2	9
19	16		17	
20				
21	E	27.5	V	22.91667
22				
23	TAB	-2.40227	TAC	-2.19338
24				
25				

步驟 6 爲了求檢定統計量的絕對值，於
B24 的方格中輸入＝ ABS(B23)
D24 的方格中輸入＝ ABS(D23)

8	A	B	A	C	
9	48	102	48	84	
10	65	98	65	106	
11	87	83	87	72	
12	62	117	62	99	
13	55	126	55	100	
14	1	8	1	6	
15	4	7	4	10	
16	6	5	7	5	
17	3	9	3	8	
18	2	10	2	9	
19	16		17		
20					
21	E	27.5	V	22.91667	
22					
23	TAB	-2.40227	TAC	-2.19338	
24		2.402272		2.193378	
25					
26					

步驟 7　與否定界限比較。

否定界限 = $d(3, \infty; 0.05) = 2.212$

	組 B	組 C
組 A	2.402272*	2.193378

因此，可知組 A 與組 B 之間有差異。

組數是 3，因之否定界限為 $q(3, \infty; 0.05) = 2.212$

	藥 B	藥 C
藥 A	2.722179*	2.56205*

由上述可知藥 A 與藥 B，藥 A 與藥 C 之間有差異。

Note

第 16 章
相關係數、等級相關、
Cramer's V關聯係數、
Kappa一致性係數
——以圖形表現，以數值表現

本章內容

16.1 散布圖、相關係數、等級相關

【數據類型】

以下數據是針對 30 位受試者調查「一週的工作時數與就業壓力的程度」所得出的結果。

表 16.1

No.	一週工作時數	就業壓力	組
1	79	3	1
2	30	3	1
3	39	1	1
4	84	5	1
5	78	5	1
6	79	5	1
7	45	2	1
8	81	4	1
9	67	3	1
10	55	1	1
:	:	:	:
:	:	:	:
28	48	1	2
29	18	5	2
30	27	4	2

（註）就業壓力分成 5 級：
　　1. 無
　　2. 不太有
　　3. 略有
　　4. 有
　　5. 頗有
　　其中混有工作狂（Workaholic）的受試者，像組 2 的受試者即是。

想分析的事情是？
1. 欲圖示一週工作時數與就業壓力的關係。
2. 想以數值表現一週工作時數與就業壓力的關係。

此時，可以考慮如下的統計處理。

1. 統計處理1
   以一週工作時數當成橫軸，就業壓力取成縱軸，繪製散布圖。

2. 統計處理2
   求出一週工作時數與就業壓力的相關係數（Pearson）。

3. 統計處理3
   求出一週工作時數與就業壓力的等級相關係數。

 Tea Break

　　斯皮曼等級相關係數是英國學者斯皮曼（C. Spearman）於一九○四年提出的一個無母數統計量，這個統計量的主要目的在衡量次序變項間的相關程度。

　　理論上，斯皮曼等級相關係數經由各變項樣本值排序等級間的差異程度，評估變項間相關的大小。

　　一般而言，皮爾生（Pearson）相關常用來呈現連續型（Continous）變數之間的關聯性，尤其在變數符合常態分配的假設下，最為精確；而 Spearman 相關則不需符合常態，僅要求變數的資料型態至少為有序的（Ordinal）。另一個選擇上的重點在於資料具有離群值時（Outliers），以 Spearman 相關來呈現會是較佳的選擇，因為其不受離群值的影響（這是因為 Spearman 相關是以排序值（Rank）來計算相關係數！）

　　更深入的來看，皮爾生相關所衡量的是「線性」相關（Linear），也就是說，主要偵測的是兩變數之間是否有線性相關。所以，當兩變數之間具有相關，但為非線性時皮爾生相關就不是最佳的方法。在這種情形下，斯皮曼等級相關更為合適。

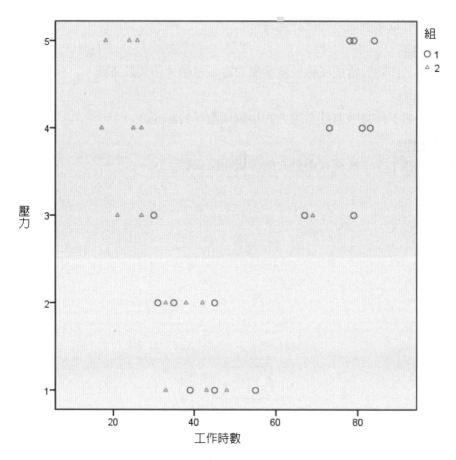

撰寫論文時的方向：

1. 若為散布圖時，將 SPSS 的輸出照樣貼上。
2. 若為相關係數時：
   「……相關係數是 0.187，工作時數與就業壓力之間看不出相關關係。而且，在無相關的檢定中，顯著機率是 0.322，因此不能說有相關。因此……」。
3. 另外，也有以下的表現，但數據數甚多時，即使相關係數是 0.1，在無相關的檢定中，也有被捨棄的情形。
   0.0~0.2　幾乎無相關
   0.2~0.4　稍有相關
   0.4~0.7　頗有相關
   0.7~1.0　有強烈相關

【數據輸入類型】

將表 16.1 的資料如下輸入。

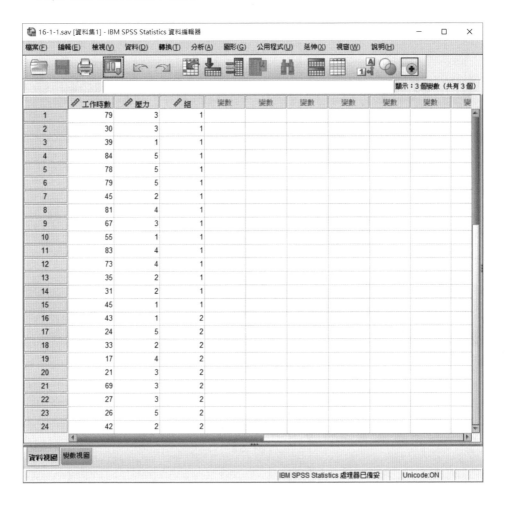

16.2 利用SPSS求相關係數

步驟 1 表16.1的數據輸入後，從「分析」的清單中如下選擇「相關」→「雙變數」。

檔案(F)	編輯(E)	檢視(V)	資料(D)	轉換(T)	分析(A)	直效行銷	統計圖(G)	公用程式(U)	視窗(W)

	工作時數	壓力	組						var	var
1	79	3			報表(P)	▶				
2	30	3			描述性統計資料(E)	▶				
3	39	1			表格(T)	▶				
4	84	5			比較平均數法(M)	▶				
5	78	5			一般線性模型(G)	▶				
6	79	5			廣義線性模型	▶				
7	45	2			混合模型(X)	▶				
8	81	4			相關(C)	▶	雙變數(B)...			
9	67	3			迴歸(R)	▶	偏相關(R)...			
10	55	1			對數線性(O)	▶	距離(D)...			
					神經網路(W)	▶				
					分類(Y)	▶				
					維度縮減(D)	▶				

步驟 2 如下畫面時，將「工作時數」與「壓力」移到「變數」的方框中，再按「確定」。

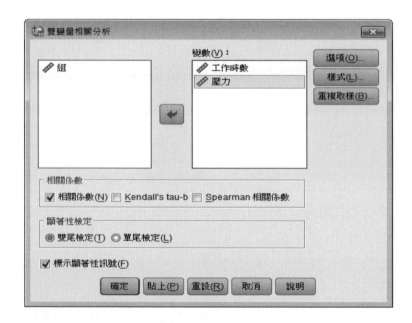

步驟 3 接著，確認在相關係數欄位中勾選「相關係數」後，按「確定」。

【SPSS 輸出】—相關分析

相關

相關

		工作時數	壓力	
工作時數	Pearson 相關	1	.187	← ①
	顯著性 (雙尾)		.322	← ②
	個數	30	30	
壓力	Pearson 相關	.187	1	
	顯著性 (雙尾)	.322		
	個數	30	30	

【輸出結果的判讀】—相關分析

① 相關係數：
如圖示相關係數 = 0.187，因此可知一週工作時數與就業壓力之間似乎無相關。

② 無相關之檢定：
假設 H_0：一週工作時數與就業壓力之間無相關。
顯著機率 0.322 ＞顯著水準 0.05，則無法捨棄假設 H_0。
因此，一週工作時數與就業壓力之間不能說有相關。

Note

16.3 利用SPSS的等級相關係數

步驟 1 從表 16.1 的資料中,選擇組 1 的資料再求等級相關。因此,從「資料」的清單中點選「選擇觀察值」。

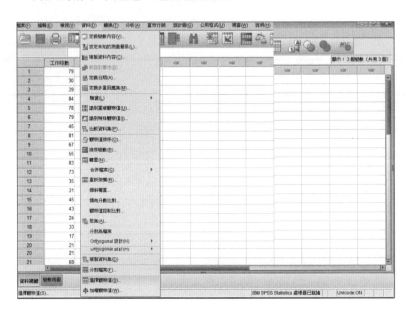

步驟 2 變成下方畫面時,如圖勾選後,點選「若」。

步驟 3 變成 IF 條件的定義的畫面時，如下輸入「組 =1」，輸入條件後，按「繼續」。

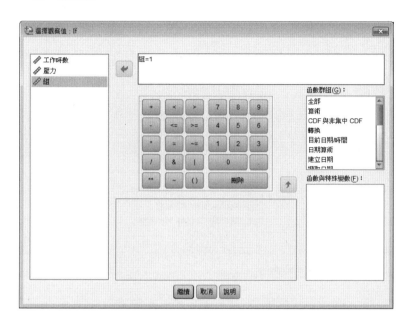

 Tea Break

若輸入的是字串時，要加引號，如組 =「男」。

步驟 4 回到以下畫面時，按「確定」。

步驟 5 選好觀察值後，從「分析」的清單中，選擇「相關」→「雙變數」。

步驟 6 變成以下畫面時,將「工作時數」與「壓力」移到「變數」的方框中。

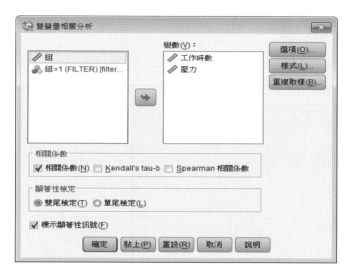

步驟 7 如圖在相關係數的地方,勾選「Kendall's tau-b」與「Spearman 相關係數」,接著按「確定」。

【SPSS 輸出】—等級相關

1. 組1的相關係數

相關

			工作時數	壓力	
Kendall 的 tau_b	工作時數	相關係數	1.000	.519*	← ①
		顯著性（雙尾）	.	.011	← ②
		N	15	15	
	壓力	相關係數	.519*	1.000	
		顯著性（雙尾）	.011	.	
		N	15	15	
Spearman 的 rho	工作時數	相關係數	1.000	.716**	← ③
		顯著性（雙尾）	.	.003	← ④
		N	15	15	
	壓力	相關係數	.716**	1.000	
		顯著性（雙尾）	.003	.	
		N	15	15	

*. 相關性在 0.05 層上顯著（雙尾）。

**. 相關性在 0.01 層上顯著（雙尾）。

2. 組2的相關係數

相關

			工作時數	壓力
Kendall's tau_b統計量數	工作時數	相關係數	1.000	-.582**
		顯著性 (雙尾)	.	.004
		個數	15	15
	壓力	相關係數	-.582**	1.000
		顯著性 (雙尾)	.004	.
		個數	15	15
Spearman's rho係數	工作時數	相關係數	1.000	-.743**
		顯著性 (雙尾)	.	.001
		個數	15	15
	壓力	相關係數	-.743**	1.000
		顯著性 (雙尾)	.001	.
		個數	15	15

**. 相關的顯著水準為 0.01 (雙尾)。

【輸出結果的判讀】─等級相關

① Kendall's tau-b：
　　可知等級相關係數 = 0.519，
　　可知一週工作時數與就業壓力之間有正相關。
② 等級相關的檢定：
　　假設 H_0：一週工作時數與就業壓力之間無等級相關。
　　顯著機率 0.011 < 顯著水準 0.05，故否定假設 H_0。
　　因此，一週工作時數與就業壓力之間可知有相關。
③ Spearman：
　　等級相關係數 = 0.716，
　　可知一週工作時數與就業壓力之間有正相關。
④ 等級相關係數之檢定：
　　假設 H_0：一週工作時數與就業壓力之間無等級相關。
　　顯著機率 0.03 < 顯著水準 0.05，故否定假設 H_0。
　　因此，一週工作時數與就業壓力之間可知有相關。

16.4 Kappa一致性係數

「Kappa 一致性係數」（Kappa coefficient of agreement）適用於檢定類別變項間一致性的程度。如果兩個變項均屬於次序變項（變項資料可以排出次序或等級），則變項間的一致性程度可以採用等級相關，等級相關常被用來作為評分者的信度指標。如果評分者所評定的資料不能排定出次序或等級，只能把它歸類到某一個類別時，應採用「Kappa 一致性係數」。Kappa 一致性係數的公式如下：

$$K = \frac{P(X) - P(E)}{1 - P(E)}$$

$P(X)$ 為評分者實際評定為一致的次數百分比，而 $P(E)$ 為評分者理論上評定為一致的最大可能次數百分比。

【數據類型】

有兩位醫師想對病患的疾病型態加以分類，他們觀察 100 位病患的疾病型態，並將其各自歸類，兩位醫師歸類的結果如下。試問兩位醫師歸類的一致性為何？

表 16.2　兩位醫師對病患的分類

		第二位醫師		
		型態一	型態一	型態三
第一位醫師	型態一	23	6	9
	型態二	7	20	3
	型態三	8	4	20

【數據輸入類型】

將表 16.2 的資料如下輸入。

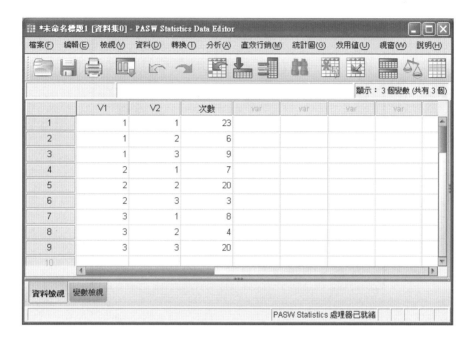

【統計處理的步驟】

步驟 1　加權觀察值。
　　　　從「資料」→「加權觀察值」→勾選「觀察值加權依據」，將「次數」變項選入右邊「次數變數」按「確定」。

步驟 2　　求 Kappa 係數。
　　　　　從「分析」→「敘述統計」→「交叉表」，將清單變項「V1」選入右邊「列」，將清單變項「V2」選入右邊「欄」，再按「統計量」。

步驟 3　　出現如下對話框。
　　　　　勾選「卡方分配」及「Kappa 統計量數」→按「繼續」→「確定」。

【SPSS 輸出結果】

觀察值處理摘要

	觀察值					
	有效的		遺漏值		總和	
	個數	百分比	個數	百分比	個數	百分比
V1 * V2	100	100.0%	0	.0%	100	100.0%

V1 * V2 交叉表

個數

		V2			
		1	2	3	總和
V1	1	23	6	9	38
	2	7	20	3	30
	3	8	4	20	32
總和		38	30	32	100

卡方檢定

	數值	自由度	漸近顯著性 (雙尾)
Pearson卡方	42.126[a]	4	.000
概似比	39.501	4	.000
線性對線性的關連	13.420	1	.000
有效觀察值的個數	100		

a. 0格 (.0%) 的預期個數少於 5。最小的預期個數為

對稱性量數

	數值	漸近標準誤[a]	近似 T 分配[b]	顯著性近似值
同意量數　Kappa 統計量數	.442	.073	6.238	.000
有效觀察值的個數	100			

a. 未假定虛無假設為真。

b. 使用假定虛無假設為真時之 漸近標準誤。

【輸出結果判讀】

　　上表為兩位醫師將病患疾病型態歸類的交叉表。第一位醫師將病患疾病型態歸類為型態一者有 38 人、歸類為型態二者有 30 人、歸類為型態三者有 32 人；第二位醫師將病患疾病型態歸類為型態一者有 38 人、歸類為型態二

者有 30 人、歸類為型態三者有 32 人。第一位評定者及第二位定評定將病患的疾病均歸類為型態一者有 23 人，歸類為型態二者有 20 人，歸類為型態三者有 20 人。

　　參考圖中卡方檢定結果，卡方值等於 42.126，自由度 = 4，$p = 0.000 < 0.05$，達到顯著水準，故應拒絕虛無假設，可知兩位醫師評定的疾病型態間並不獨立，而是有所關聯。

　　圖中下方為對稱性量數檢定結果。Kappa 一致性係數值等於 0.442，$p = 0.000 < 0.05$，達到 0.05 顯著水準，故拒絕虛無假設 $H_0：K = 0$；即兩位評定者對於疾病型態的歸類其一致性程度相當高。

Note

16.5 Kendall一致性係數

Kendall 一致性係數（Kendall's coefficient of concordance）適用於 k 個變項之等級一致性程度，代表三個評分等級以上的信度指標，Kendall 等級相關主要用於兩位評分者評定 N 個人的成績或 N 個人的作品，或同一位評審前後兩次評 N 個人的作品或 N 個人的成績，它適用於兩個變項等級間的一致性程度，可被視為 Kendall 一致性係數的一種特例。Kendall 一致性係數適用於 k 個評分者評 N 個人的成績或 N 個人的作品，如果 k 等於 2 時，就變成 Kendall 等級相關。

【數據類型】

企業模擬競賽時，由五位評審評比十位參賽同學的名次，等級如下。試問五位評審評選結果的一致性為何？

表 16.3　參賽者得分

評分者	V1	V2	V3	V4	V5	V6	V7	V8	V9	V10
A	3	9	8	1	6	4	10	2	5	7
B	7	8	6	2	5	3	9	1	10	4
C	3	9	5	1	6	4	10	2	7	8
D	5	10	9	3	4	2	8	1	6	7
E	6	9	7	3	4	2	10	1	8	5

【數據輸入類型】

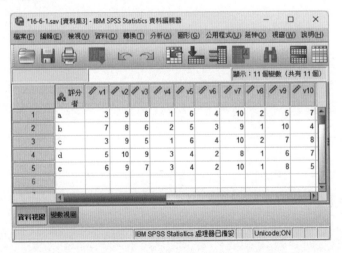

【統計處理的步驟】

步驟 1 【分析】→【無母數檢定】→【舊式對話框】→【K 個相關樣本】。

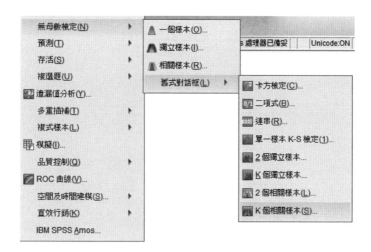

步驟 2 在【多個相關樣本的檢定】的對話視窗中，將左邊十個變數選入右邊「檢定變數」→「檢定類型」勾選「☑Kendall's W 檢定」選項→ 按「確定」。

【SPSS 輸出結果】

等級

	平均等級
v1	4.80
v2	9.00
v3	7.00
v4	2.00
v5	5.00
v6	3.00
v7	9.40
v8	1.40
v9	7.20
v10	6.20

檢定統計量

N	5
Kendall's W[a]	.838
卡方檢定	37.713
自由度	9
漸近 顯著性	.000

a. Kendall 和諧係數

【輸出結果的判讀】

上表為 Kendall's W 一致係數檢定結果。第一個表為平均數等級結果,以第一位受試者 V1 而言,五位評審者給予名次等級分別為 3、7、3、5、6,整體平均名次等級為 (3 + 7 + 3 + 5 + 6)÷5 = 4.80;以受試者 V10 而言,五位評審者給予名次等級分別為 7、4、8、7、5,整體平均名次等級為 (7 + 4

+ 8 + 7 + 5)÷5 = 6.20。在 Kendall 和諧係數考驗中的統計假設為：

H_0 虛無假設：五位評審者的評分間沒有一致性。
H_1 對立假設：五位評審者的評分間有一致性。

在第二個檢定統計表中，Kendall's W 一致係數值 = .838，顯示五位評審者的評分間有顯著相關存在，卡方值 = 37.713，顯著性之 p 值 (= .000) 小於 .05，則統計檢定拒絕虛無假設，接受對立假設，亦即五位評審者的評分結果頗為一致。其中以 V8 的等級平均數最低為 1.40，名次最佳，五位評審者的評分結果等級分別給予 2、1、2、1、1；次佳名次是 V4，其等級平均數為 2.00；而以 V7 的名次最差，其等級平均數為 9.40，五位評審者的評分結果等級分別給予 10、9、10、8、10。

16.6 Cramer's V 關聯係數

(1)何謂交叉表：

　　針對名義尺度（或順序尺度）的變數而言，將各變數的水準組合資料作成表即稱為交叉表 (Cross table)。許多時候，交叉表是將兩個變數組合，用以記述兩變數間的關係。若兩個變數的水準數均為 2，可特別作成 2×2 表或 4 交叉表。並且在交叉表中，相當於各變數的水準組合之方框稱為格 (Cell)。

(2)ϕ(phi) 係數

　　在交叉表中，以記述兩個變數間關係的指標來說，有所謂的關聯係數。對於 2×2 表來說，關聯係數提出有 ϕ 係數。ϕ 係數是對兩個變數的兩個水準，分別分配一個值（譬如，一方的水準設為 1，另一方的水準設為 0）時的兩個變數間的相關係數。

　　ϕ 係數與相關係數一樣，值取在 1 與 −1 之間。ϕ 係數愈大，表示兩個變數間之關聯愈強，若 ϕ 係數之值為 0 時，則兩個變數之間表示無關聯。兩個變數無關聯，是指各列或各行的次數比為一定，此情形的兩個變數可以說是獨立的。

(3)Cramer's V 相關係數：

　　比 2×2 大的交叉表，譬如在 3×4 的表中，也提出有記述兩變數間關係的指標，此即為 Cramer's V 關聯係數。Cramer's V 關聯係數之值取在 0 到 1 之間。與 ϕ 係數的情形一樣，各列或各行的次數比為一定時，$V = 0$，可以說兩個變數無關聯，是獨立的。另外，對於 2×2 交叉表的情形來說，Cramer's V 關聯係數與 ϕ 係數的絕對值是相同的。

(4)χ^2 檢定：

　　在母體中，交叉表中的兩個變數是否獨立，以統計的檢定方法來說，有卡方 (χ^2) 檢定。

　　進行 χ^2 檢定的結果，顯著機率（P 值）如比事先所設定的顯著水準（冒險率）小時，當作統計上是有顯著差的，想成兩個變數並非獨立。相反的，若顯著機率不小於顯著水準時，則判斷兩個變數不能說非獨立。

【數據類型】

在護理系學生中,將來想前往內科、外科、精神科三科之中哪一科(系統),以及想在病房與門診中何者任職(勤務型態),想調查其之間的關聯。讓各受試者就科別系統與勤務型態兩者,各選出希望的一者。

【數據輸入類型】

將各變數資料輸入如下。「系統」的 1 表示內科,2 表示外科,3 表示精神科;「勤務型態」的 0 表示門診,1 表示病房。

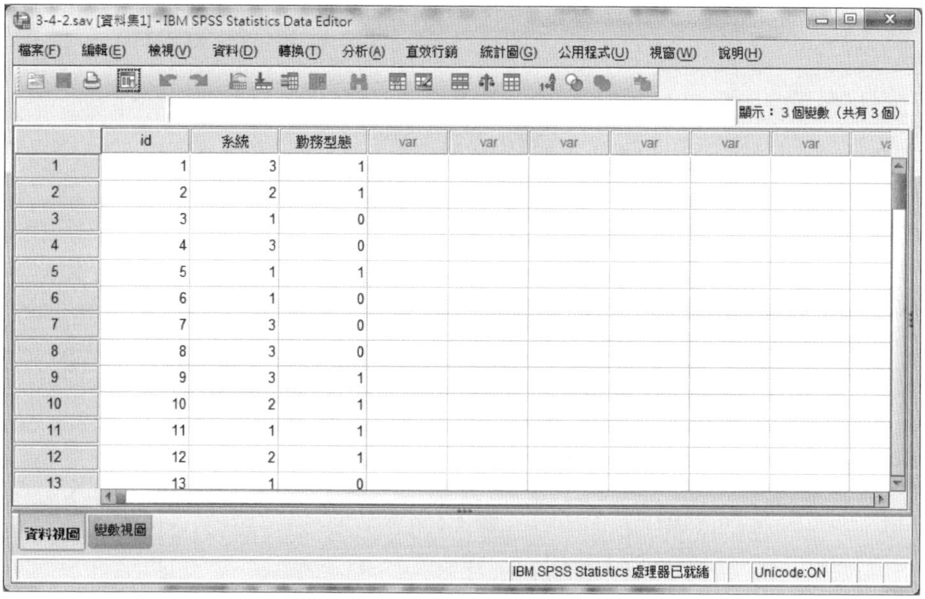

圖 16.1 輸入資料的一部分

【統計處理的步驟】

步驟 1 與例 16.4 同樣,按「分析」→「敘述統計」→「交叉表」進行,將兩個變數投入到欄與列中。進行卡方檢定時,在「統計量」選項中,選擇「卡方」。

要計算 Cramer's V 相關係數時,如圖在「統計量」選項中勾選「phi(ϕ) 值與克瑞瑪 V(Cramer's V)」,再按「繼續」。

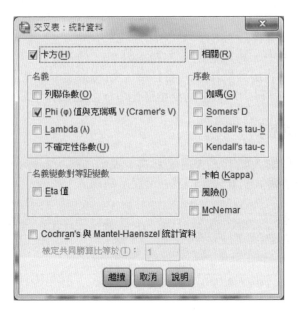

步驟 2 交叉表中不只是各方格的次數,若也想表示列中的百分比、行中的百分比、全體中的百分比時,在「儲存格」選項中的「百分比」,分別選擇列、直行、總計。

【輸出結果的判讀】

　　從隨機選出的 69 名學生得到回答，並將答案整理在下表中。在 69 名中希望去內科者有 31 名，其中想在病房服務者有 19 名 (61.3%)；希望在精神科者有 13 名，其中想去病房服務者有 6 名 (46.2%)。

　　在母體方面，希望任職科別的系統與勤務型態有無關聯，亦即依系統的科別不同希望在病房（門診）勤務的比率是否有差異，為了檢討進行卡方檢定之後，其顯著機率（P 值）是 0.044，可知統計上是顯著的。亦即，依系統之別，希望在病房（門診）服務的比率，可以判斷在統計上有顯著差。

　　另外，顯示希望科別的系統與勤務型態間的關聯，其關聯係數是 0.301。

系統 * 勤務型態 Crosstabulation

			勤務型態 門診	勤務型態 病房	Total
系統	內科	Count	12	19	31
		% within 系統	38.7%	61.3%	100.0%
		% within 勤務型態	52.2%	41.3%	44.9%
		% of Total	17.4%	27.5%	44.9%
	外科	Count	4	21	25
		% within 系統	16.0%	84.0%	100.0%
		% within 勤務型態	17.4%	45.7%	36.2%
		% of Total	5.8%	30.4%	36.2%
	精神科	Count	7	6	13
		% within 系統	53.8%	46.2%	100.0%
		% within 勤務型態	30.4%	13.0%	18.8%
		% of Total	10.1%	8.7%	18.8%
Total		Count	23	46	69
		% within 系統	33.3%	66.7%	100.0%
		% within 勤務型態	100.0%	100.0%	100.0%
		% of Total	33.3%	66.7%	100.0%

Chi-Square Tests

	Value	df	Asymp. Sig. (2-sided)	Exact Sig. (2-sided)	Exact Sig. (1-sided)	Point Probability
Pearson Chi-Square	6.245[a]	2	.044	.044		
Likelihood Ratio	6.530	2	.038	.042		
Fisher's Exact Test	6.295			.038		
Linear-by-Linear Association	.113[b]	1	.737	.867	.431	.125
N of Valid Cases	69					

a. 1 cells (16.7%) have expected count less than 5. The minimum expected count is 4.33.

b. The standardized statistic is -.336.

Symmetric Measures

		Value	Approx. Sig.	Exact Sig.
Nominal by Nominal	Phi	.301	.044	.044
	Cramer's V	.301	.044	.044
N of Valid Cases		69		

第 17 章
分割表分析

本章內容

17.1 2×2分割表的檢定

χ^2 檢定

1.概要

　某企業開發出適合主婦的商品 W，為了調查認知率，以住在台中市內的主婦為對象，詢問是否知道商品 W 的存在而進行調查。

　為了觀察有小孩的主婦（A 組）與沒有小孩的主婦（B 組）在認知率上有無差異，從各組隨機選出 500 人，實施意見調查，整理其結果後，即為如下的分割表。試檢定 A 組與 B 組的認知率（知道的比率）有無差異。

	A	B	合計
知道	457	446	903
不知道	43	54	97
合計	500	500	1000

2.對問題的分析

(1) 想法

　2×2 分割表的檢定方法有「費雪的精確機率檢定」(Fisher's exact test) 與「χ^2 檢定」。

(2) 假設的設定

　2×2 分割表的一般形式，可以如下表現。

項目 B

項目 A		B1	B2	合計
	A1	a	b	n1
	A2	c	d	n2
	合計	m1	m2	N

　虛無假設 H_0：A1(A2) 的發生機率，在 B1 與 B2 中是相同的。
　對立假設 H_1：A1(A2) 的發生機率，在 B1 與 B2 中是不同的。

(3) χ^2檢定的步驟

步驟 1　假設的設定：

虛無假設 H_0：A 組與 B 組的母體認知率相同。

對立假設 H_1：A 組與 B 組的母體認知率不同。

步驟 2　設定顯著水準：

顯著水準 $\alpha = 0.05$。

步驟 3　計算檢定統計量 χ^2 值：

$$\chi^2 = \frac{(ad - bc)^2 \times N}{n_1 \times n_2 \times m_1 \times m_2}$$

一般為了提高近似精密度，經常使用加上修正項的如下式子。

$$\chi^2 = \frac{(|ad - bc| - \frac{N}{2})^2 \times N}{n_1 \times n_2 \times m_1 \times m_2}$$

$-\dfrac{N}{2}$ 稱為葉茲 (Yates) 修正。

步驟 4　計算顯著機率 p 值：

計算與顯著水準相比較的顯著機率 p 值。

p 值在自由度中的 χ^2 分配中是指 χ^2 值以上的機率。

步驟 5　判定：

顯著機率 ≤ 顯著水準 α →否定虛無假設。

顯著機率 > 顯著水準 α →不否定虛無假設。

3. SPSS的操作

步驟 1　資料的輸入：

資料的輸入有：①輸入將交叉累計所得到的分割表資料，以及②輸入交叉累計前的既有資料。此處介紹輸入分割表資料的方法。不管哪一種方法，步驟 2 以後都是相同的。輸入分割表的資料時，請注意需要如下輸入。

（註）「組」的變數，加上 1=A，2=B 的數值標記。

「認知」的變數，加上 1= 不知道，2= 知道的數值標記。

「人數」的變數，要先宣告是使用觀察值加權機能的次數變數。

步驟 2 製作交叉累計表。

從「分析」的清單中選擇「敘述統計」─「交叉資料表」。

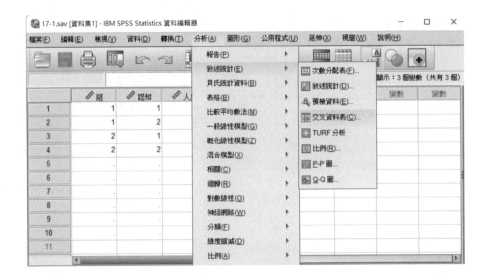

步驟 3 出現如下的對話框。

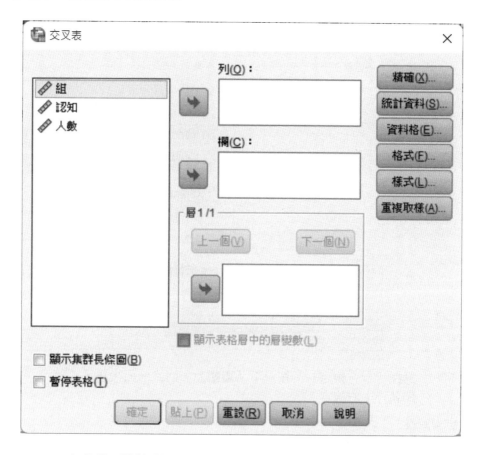

在「列」選擇「認知」，於「欄」選擇「組」之變數。（若於「列」
選擇「組」，「欄」選擇「認知」，其結果也是相同）。
接著，按一下「統計資料」，出現如下對話框。

選擇「卡方檢定」，按一下「繼續」，回到前面後再按「確定」，
即執行卡方檢定。

4. 結果解釋

(1) χ^2檢定的結果

認知 * 組 交叉表

個數

		組		總和
		A	B	
認知	知道	457	446	903
	不知道	43	54	97
總和		500	500	1000

卡方檢定

	數值	自由度	漸近顯著性 (雙尾)	精確顯著性 (雙尾)	精確顯著性 (單尾)
Pearson卡方	1.381[b]	1	.240		
連續性校正[a]	1.142	1	.285		
概似比	1.384	1	.239		
Fisher's精確檢定				.285	.143
線性對線性的關連	1.380	1	.240		
有效觀察值的個數	1000				

a. 只能計算 2×2 表格

b. 0格 (.0%) 的預期個數少於 5。 最小的預期個數為 48.50。

(2) 結果的看法

由於問題是認知率有無差異，因之採用雙邊的顯著機率。其中 χ^2 檢定的顯著機率，輸出在「Pearson 卡方」列中是 0.240，實施葉茲修正後的 χ^2 檢定的顯著機率，輸出在「連續修正」的列中是 0.285。不管採用哪一種顯著機率，均比顯著水準 0.05 大，故無法否定虛無假設。亦即，結論是 A 組與 B 組的母體認知率不能說有差異。

但是，SPSS 限於 2×2 分割表，也能輸出精確顯著水準。雖然是利用 Fisher 的精確機率計算法，而關於此事會在以下 17.2 中解說。

17.2 精確機率檢定

1.概要

從台北市內上學的學生，隨機抽出男性 80 人，女性 90 人，進行如下的意見調查。

（詢問 1）請回答性別。

          A. 男   B. 女

（詢問 2）您家中飼養寵物嗎？

          A. 有   B. 無

將此回答結果進行交叉累計之後，得出如下的 2×2 分割表。

	男	女
有飼養	2	8
無飼養	78	82

試檢定男性與女性中，飼養寵物者之比率能否說有差異呢？

2.對問題的分析

(1) 想法

雖然是與 17.1 的例題完全相同類型，但前者介紹的 χ^2 檢定，當方格之中的次數較少時，即無法使用。像本例題有未滿 5 之次數時，最好進行 Fisher 的精確機率檢定。但，實際上不光是實測次數，期待次數也有相同問題，因之檢定最好在如下的狀況下使用。

①期待次數有未滿 5 之方格。

②實測次數有未滿 5 之方格。

3.SPSS的操作

(1) Fisher的精確機率檢定

精確機率檢定的計算法是先固定列的合計與行的合計，考察比目前所得到的次數更偏頗的次數組合，全部計算各自發生機率的一種方法。

Tea Break

> SPSS 在 2×2 分割表的檢定中，雖輸出有利用精確機率檢定之機率，因之經常採用其精確機率檢定之結果，此種說法也是可以的。

假設此例題的分割表是表 1。

表 1

	男	女
有飼養	2	8
無飼養	78	82

比表 1 更偏頗的結果，是如下的表 2 與表 3。

表 2

	男	女
有飼養	1	9
無飼養	79	81

表 3

	男	女
有飼養	0	10
無飼養	80	80

從表 1 到表 3 分別計算機率，再合計其機率，此即為顯著機率（單邊）。機率的計算法，以如下的分割表來說明。表中的 a、b、c、d 是表示次數，其中 a 當作是最小的值。

	行 1	行 2	合計
列 1	a	b	n1
列 2	c	d	n2
合計	m1	m2	n

$$機率 = \frac{n_1! \, n_2! \, n_3! \, n_4!}{n!} \sum_{i=0}^{a} \frac{1}{i! \, (n_1 - i)! \, (m_1 - i)(d - a + i)!}$$

本例題是

$$機率 = \frac{10!60!80!90!}{170!} \sum_{i=0}^{2} \frac{1}{i!(10-i)!(80-i)(82-2+i)!} = 0.0724$$

(2) 精確機率檢定的結果

SPSS 的操作步驟與 17.1 的例題相同。

寵物 * 性別交叉表

個數

		性別		總和
		男	女	
寵物	飼養	2	8	10
	未飼養	78	82	160
總和		80	90	170

卡方檢定

	數值	自由度	漸近顯著性 (雙尾)	精確顯著性 (雙尾)	精確顯著性 (單尾)
Pearson 卡方	3.123[b]	1	.077		
連續性校正[a]	2.075	1	.150		
概似比	3.366	1	.067		
Fisher's 精確檢定				.105	.072
線性對線性的關連	3.104	1	.078		
有效觀察值的個數	170				

a. 只能計算 2x2 表格
b. 1 格 (25.0%) 的預期個數少於 5。最小的預期個數為 4.71。

4. 結果的看法

由於問題是男性與女性有無差異,因之注意雙尾的顯著機率。

顯著機率(雙邊)= 0.105 > 顯著水準 $\alpha = 0.05$,因此,男性與女性中飼養寵物之比率不能說有差異。

但是如注意精確顯著機率之值時,雙尾 = 0.105,單尾 = 0.072。

將單尾的數值放大兩倍也不等於雙尾的數值。在精確機率檢定中,只要第 1 列的合計不等於第 2 列的合計,或者第 1 行的合計不等於第 2 行的合計,即使將單尾的顯著機率放大兩倍,也不會是雙尾的顯著機率,這是要注意的地方。

Note

17.3 *l*×*m*分割表的檢定

χ² 檢定

1.概要

某學校進行了興趣調查，共有 A、B、C、D 4 班。整理調查結果即為如下的 4×4 分割表。各班的興趣是否能說相同呢？試檢定之。

	A	B	C	D
運動	20	6	9	8
讀書	6	33	7	8
音樂	7	14	29	10
電影	9	7	8	24

2.對問題的分析

(1) 想法

l 列 *m* 行的 *l*×*m* 分割表的檢定，利用如下性質。

將第 *i* 列第 *j* 行的實測次數當作 f_{ij}，期待次數當作 t_{ij}，則：

$$\sum_i \sum_j \frac{(f_{ij}-t_{ij})^2}{t_{ij}}$$

服從自由度 $(l-1)\times(m-1)$ 的 χ² 分配。

此處第 *i* 列第 *j* 行的期待次數當作 t_{ij}，如下計算。

第 *i* 列的合計記為 $N_{i\cdot}$，第 *j* 行的合計記為 $N_{\cdot j}$，總合計是 N，所以：

$$t_{ij} = \frac{N_{i\cdot} \times N_{\cdot j}}{N}$$

(2) 檢定的步驟

步驟 1 假設的設定：
虛無假設 H_0：各班級的興趣傾向相同。
對立假設 H_1：各班級的興趣傾向不同。

步驟 2 設定顯著水準：
顯著水準 $\alpha = 0.05$。

步驟 3 計算檢定統計量 χ² 值：

$$\chi^2 = \sum_i \sum_j \frac{(f_{ij} - t_{ij})^2}{t_{ij}}$$

步驟 4　計算自由度 ϕ：

$$\phi = (l-1) \times (m-1)$$

步驟 5　計算顯著機率 p 值：
計算要與顯著水準相比較的顯著機率 p 值。顯著機率在自由度 χ^2 分配中即為 χ^2 值以上的機率。

步驟 6　判定：
顯著機率 ≤ 顯著水準 α →否定虛無假設
顯著機率 > 顯著水準 α →不否定虛無假設

3. SPSS的操作

步驟 1　資料的輸入：
此處雖解說輸入累計結果的方式，但如以輸入原始資料後來進行的作法也是相同的。

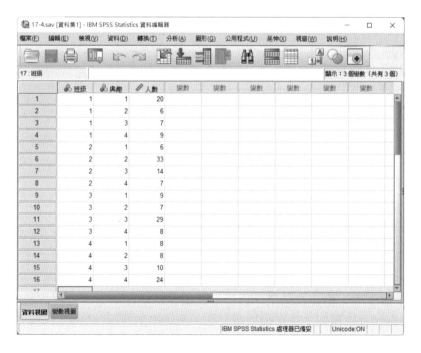

（註）「班級」的變數，貼上 1=A，2=B，3=C，4=D 之數值標記。
「興趣」的變數，貼上 1=運動，2=讀書，3=音樂，4=電影之數值標記。
「人數」的變數，要先宣告是次數變數。

步驟 2　製作交叉累計表。
　　　　　此後的步驟與例題 17.1 相同。

4.結果解釋

(1) 檢定的結果

興趣 * 班級 交叉表

個數

		班級				總和
		A	B	C	D	
興趣	運動	20	6	9	8	43
	讀書	6	33	7	8	54
	音樂	7	14	29	10	60
	電影	9	7	8	24	48
總和		42	60	53	50	205

卡方檢定

	數值	自由度	漸近顯著性 (雙尾)
Pearson卡方	79.457ª	9	.000
概似比	69.903	9	.000
線性對線性的關連	18.190	1	.000
有效觀察值的個數	205		

a. 0格 (.0%) 的預期個數少於 5。最小的預期個數爲 8.81。

(2)結果的看法

$\chi^2 = 79.457$

顯著機率 = 0.000 < 顯著水準 $\alpha = 0.05$，
因之否定虛無假設。亦即，各班級的興趣傾向可以說有差異。

5.殘差的分析

(1) 特徵的掌握

　　例題 17.3 中，檢定的結果，得出各班級在興趣傾向上有差異的結論。各班級具有何種特徵呢？在掌握特徵方面，最好斟酌殘差。分割表中的殘差，即爲實測次數與期待次數之差。殘差大的地方即是有特徵的地方。實際上，並非殘差本身，而是計算調整後殘差，並斟酌其值。

此處，敘述調整後殘差的計算方法。
首先計算標準化殘差：

$$e_{ij} = \frac{f_{ij} - t_{ij}}{\sqrt{t_{ij}}}$$

其次，計算 e_{ij} 的變異數 V_{ij}：

$$V_{ij} = (1 - \frac{n_{i\cdot}}{N}) \times (1 - \frac{n_{\cdot j}}{N})$$

接著，計算調整後殘差：

$$d_{ij} = \frac{e_{ij}}{\sqrt{V_{ij}}}$$

調整後殘差 d_{ij} 近似地服從平均 0、標準差為 1 的常態分配。從此性質來看，如 $|d_{ij}|$ 在 2 以上時，即可視為有特徵的地方。

(2) SPSS的解法

資料是例題 17.3，已有所輸出。

步驟1 從「分析」的清單中選擇「敘述統計」—「交叉資料表」，出現如下圖所示。

步驟 2　此處按一下「格式」時，即出現如下的對話框。

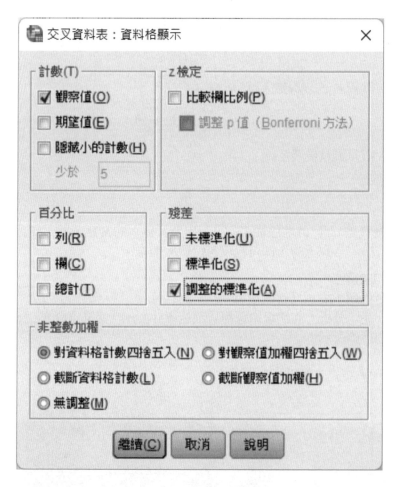

步驟 3　選擇「調整後的標準化」，按一下「繼續」，即回到前面的畫面。
再按「確定」即可求出調整後殘差。

(3) 調整後殘差

興趣 * 班級 交叉表

調整後的殘差

		班級			
		A	B	C	D
興趣	運動	4.8	-2.5	-.8	-1.0
	讀書	-2.0	6.0	-2.5	-1.9
	音樂	-2.0	-1.2	4.7	-1.7
	電影	-.3	-2.6	-1.7	4.7

　　調整後殘差是正的地方，顯示比其他來說次數較多，而負的地方則是次數較少。

　　從 d_{ij} 來看，各班級的特徵如下。
● A 班是運動多，讀書與音樂少。
● B 班是讀書多，運動與電影少。
● C 班是音樂多，讀書少。
● D 班是電影多。

6. 【參考】利用對應分析的分割表之視覺化

　　以對應分析（數量化理論 III 類）解析分割表時，可以作成如下所示的布置圖。

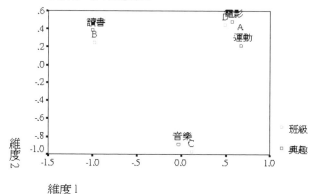

列和行點

對稱的 常態化

17.4 順序類別的分割表

2×m 分割表

1.概要

某旅館從住宿者中隨機選出男性與女性各 100 名，並詢問以下問題。

（詢問）請回答本旅館的綜合滿意度。

1. 不滿
2. 略為不滿
3. 很難說
4. 略為滿意
5. 滿意

累計此回答結果，整理成如下的 2×5 分割表。

	不滿	略為不滿	很難說	略為滿意	滿意
男	5	15	35	30	15
女	10	25	30	25	10

試檢定男與女在滿意度上可否說有差異。

2.對問題的分析

(1) 想法

本例題的 2×5 分割表，配置於行的選項（類別）之間，愈是右邊的行，滿意度愈高，需要注意此順序。此種分割表稱為順序類別的分割表，或類別有順序的分割表。

通常 2×m 分割表的檢定是應用 χ^2 檢定。可是，像本例題是順序類別的分割表時，忽略順序資訊的 χ^2 檢定並非有效。此時，Wilcoxon 等級和檢定或累積 χ^2 檢定、最大 χ^2 檢定等都是有效的。本書介紹在 SPSS 中利用 Wilcoxon 等級和（或稱等級和）檢定方法。

(2) 利用Wilcoxon等級和檢定的分割表檢定

今比較的組數設為 2，列數是 2，行數是 m，於各行配置有順序的類別，假定有此種 2×m 分割表。第 i 組 (i = 1, 2) 的第 j 類 (j = 1,2,…, m) 次數設為 n_{ij}。又，第 1 組的次數合計設為 n_1，第 2 組的次數合計設為 n_2，全體的次數設為 N。

	行 1	…	行 j	…	行 m
列 1	n_{11}		n_{1j}		n_{1m}
列 2	n_{21}		n_{2j}		n_{2m}

各類的次數合計（亦即行計）設為 T_j，則：

$$T_j = n_{1j} + n_{2j}$$

第 j 類的順位 r_j 是：

$$r_j = T_1 + T_2 + \cdots + T_{j-1} + (T_j + 1)/2$$

各組的等級和 $R_i(i = 1, 2)$ 是：

$$R_j = \sum_{j=1}^{m} r_j \times n_{ij}$$

對同順位的個數 T_j 加上修正項 C 是：

$$C = 1 - \frac{1}{N^3 - N} \sum_{j=1}^{m} (T_j^3 - T_j)$$

n_1 與 n_2 之較小者設為 n，其等級和 R_i 當作 W，則檢定統計量 z 為：

$$z = \frac{\left| W - \frac{1}{2}n(N+1) \right| - \frac{1}{2}}{\sqrt{\dfrac{C \times n_1 \times n_2 \times (N+1)}{12}}}$$

顯著水準是利用 z 服從平均 0、標準差 1 的標準常態分配。

3. SPSS的解析

步驟 1　資料的輸入。

此處雖解說輸入累計結果的方式，但如以輸入原始資料後進行其作法也是相同。

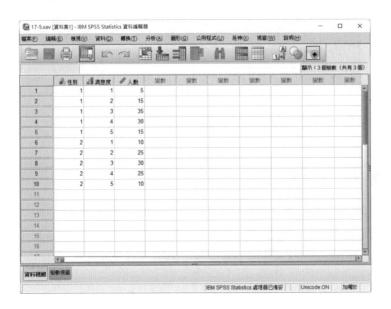

（註）「性別」的變數貼上 1= 男，2= 女的數值標籤。
「人數」的變數要先宣告是次數變數。

步驟 2 無母數檢定的選擇。
從「分析」的清單選擇「無母數檢定」→「舊式對話框」→「2 個
獨立樣本檢定」。

出現如下的對話框。

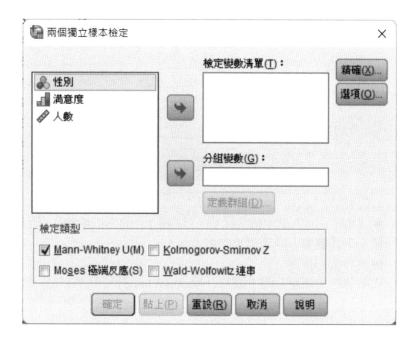

步驟 3 變數的選擇。
(1) 於「檢定變數清單」中選擇「滿意度」。
(2) 於「分組變數」中選擇「性別」。

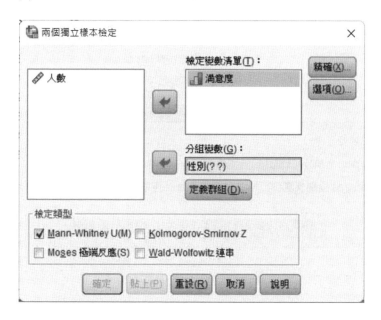

此處,按一下「定義群組」。

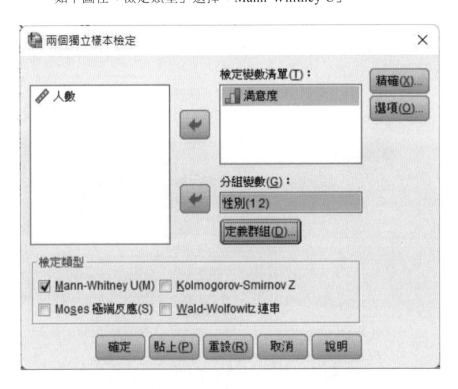

在「組 1」的方框中輸入「1」,「組 2」的方框中輸入「2」。
按一下「繼續」回到原來的畫面。

步驟 4 檢定方法的選擇。

如下圖在「檢定類型」選擇「Mann-Whitney U」。

Mann-Whitney U 檢定與 Wilcoxon 等級和檢定，皆提供相同的結果。此處，按一下「確定」，即可得出檢定結果。

4.結果解釋

(1) 檢定的結果

Mann-Whitney 檢定

等級

	性別	個數	等級平均數	等級總和
滿意度	男	100	109.13	10912.50
	女	100	91.88	9187.50
	總和	200		

檢定統計量[a]

	滿意度
Mann-Whitney U 統計量	4137.500
Wilcoxon W 統計量	9187.500
Z 檢定	-2.180
漸近顯著性 (雙尾)	.029

a. 分組變數：性別

(2) 結果的看法

虛無假設 H_0：男女間滿意度無差異。
對立假設 H_1：男女間滿意度有差異。
顯著機率（雙尾）＝ 0.029 ＜ 顯著水準 0.05，
因之，否定虛無假設。亦即，男女在滿意度上可以說有差異。

17.5 *l*×*m*分割表

1.概要

某旅館從住宿者中隨機選出學生、OL(Office Lady)、生意人等共 50 人，並詢問如下問題。

（詢問）請回答本旅館的綜合滿意度。

1. 不滿
2. 略為不滿
3. 很難說
4. 略為滿意
5. 滿意

累計此回答結果，整理成如下的 3×5 分割表。

	不滿	略為不滿	很難說	略為滿意	滿意
學生	6	11	16	6	11
OL	7	8	15	14	6
生意人	15	11	13	6	5

試檢定學生、OL、生意人之間在滿意度上有無差異。

2.對問題的分析

(1) 想法

此例題的 3×5 分割表，與例題 17.4 一樣是類別有順序的分割表，愈右方的行，滿意度愈高。與例題17.4不同的是，比較滿意度的組數（列數）是 3。

當比較的組數是 2 時，是應用 Wilcoxon 等級和檢定，但此檢定方法無法應用在組數是 3 以上時。此時，可以應用 Kruskal-Wallis 等級和檢定。

一般，行的類別為有順序的 *l*×*m* 分割表中，當 *l* 為 2 時應用 Wilcoxon 等級和檢定，當 *l* 為 3 以上時，最好應用 Kruskal-Wallis 等級和檢定。

(2) 利用Kruskal-Wallis等級和檢定的分割表檢定

今比較的組數設為 *l*，列數設為 *l*，行數設為 *m*，各行配置有順序的類別，假定有此種的 *l*×*m* 分割表。

第 i 組 $(i = 1, 2, \cdots, l)$ 的第 j 類 $(j = 1, 2, \cdots, m)$ 次數設為 n_{ij}。又，第 i 組的次數合計設為 n_i，全體的次數設為 N。

各類的次數合計（亦即行計）設為 T_j 時，

$$T_j = n_{1j} + n_{2j} + \cdots + n_{ij}$$

第 j 類的順位 r_j 是：

$$r_j = T_1 + T_2 + \cdots + T_{j-1} + (T_j + 1)/2$$

各組的等級和 $R_i(i = 1, 2, ..., l)$ 是：

$$R_j = \sum_{j=1}^{m} r_j \times n_{ij}$$

對同順位的個數 T_j 加上修正項 C 是：

$$C = 1 - \frac{1}{N^3 - N} \sum_{j=1}^{m}(T_j^3 - T_j)$$

檢定統計量 H 為：

$$H = \frac{6}{C}\left\{ \frac{2}{N(N+1)} \sum_{i=1}^{l} \frac{R_j^2}{n_i} - \frac{N+1}{2} \right\}$$

p 值是利用 H 服從自由度 $l-1$ 的 χ^2 分配。

3.SPSS的解法

步驟 1 資料的輸入。

此處雖解說輸入累計結果的方式，但如以輸入原始資料後的進行作法也是相同。

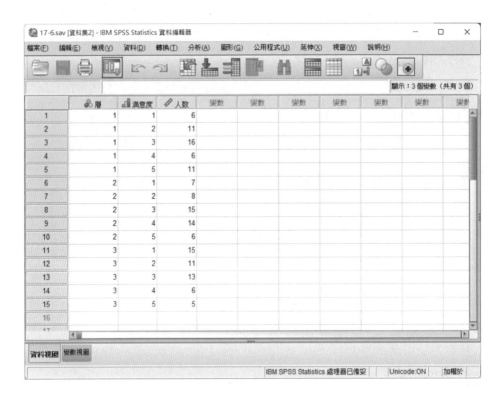

（註）「層」的變數是貼上 1= 學生，2=OL，3= 生意人的數值標記。
　　　「人數」的變數要宣告是次數變數。

步驟 2　選擇無母數檢定。
　　　　　從「分析」的清單中選擇「無母數檢定」→「舊式對話框」→「*k*
　　　　　個獨立樣本檢定」。

出現如下的對話框。

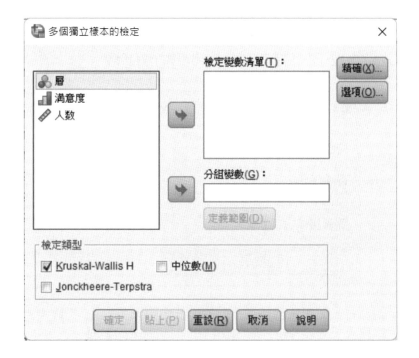

步驟 3　變數的選擇。
在「檢定變數清單」中選擇「滿意度」，在「分組變數」中選擇
「層」。

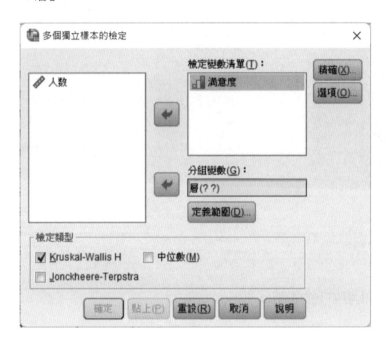

接著，按一下「定義範圍」，出現如下對話框。

由於有三個組，於「最小」的方框中輸入「1」，「最大」的方框
中輸入「3」，按一下「繼續」即回到原來的畫面。

如圖所示「分組變數」欄位已修改成「層（13）」。

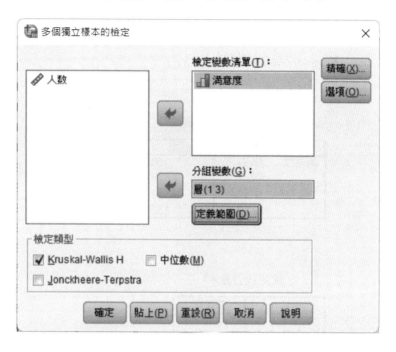

步驟 4　檢定方法的選擇。
　　　　　在「檢定類型」選擇「Kruskal-Wallis H」，接著，按一下「確定」，即可得出檢定結果。

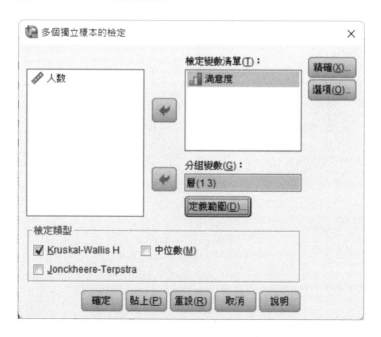

4.結果解釋

(1) 檢定的結果

Kruskal-Wallis 檢定

等級

	層	個數	等級平均數
滿意度	學生	50	81.62
	OL	50	82.22
	生意人	50	62.66
	總和	150	

檢定統計量[a,b]

	滿意度
卡方	6.887
自由度	2
漸近顯著性	.032

a. Kruskal Wallis 檢定

b. 分組變數：層

(2) 結果的看法

　　虛無假設 H_0：三個層的滿意度沒有差異。

　　對立假設 H_1：三個層的滿意度有差異。

　　顯著機率（雙尾）= 0.032 < 顯著水準 0.05，

　　因之，否定虛無假設 H_0。亦即，學生、OL、生意人在滿意度上可以說有差異。

參考文獻

1. 內田治，意見調查統計分析，東京圖書，1997 年
2. 內田治, 意見調查對應分析，東京圖書，2003 年
3. 田部井明美，利用共變異數構造分析（**AMOS**）的資料處理，東京圖書，2001 年
4. 石村貞夫，**多變量解析淺說**，東京圖書，1987 年
5. 石村貞夫，**利用 SPSS 的多變量數據分析的步驟**，東京圖書，1998 年
6. 石村貞夫，**利用 SPSS 的時系列分析的步驟**，東京圖書，1999 年
7. 石村貞夫，**利用 SPSS 的統計處理的步驟**，東京圖書，2001 年
8. 石村貞夫，**利用 SPSS 的類別分析的步驟**，東京圖書，2001 年
9. 石村貞夫，**利用 SPSS 的變異數分析與多重比較的步驟**，2015 年
10. 石村貞夫，**統計解析淺說**，東京圖書，1989 年
11. 石村貞夫，**變異數分析淺說**，東京圖書，1992 年
12. Christensen, Ronald. Plane Answers to Complex Questions: The Theory of Linear Models Third. New York: Springer. 2002. ISBN 0-387-95361-2.
13. Spss Inc., "Spss Base for Windows User's Guid", Spss Inc. 1997
14. Wichura, Michael J. The coordinate-free approach to linear models. Cambridge Series in Statistical and Probabilistic Mathematics. Cambridge: Cambridgc University Press. 2006: xiv+199. ISBN 978-0-521-86842-6. MR 2283455
15. SPSS 操作：多個相關樣本的非參數檢驗（Cochran's Q 檢驗）。取自 https://zhuanlan.zhihu.com/p/35284525

國家圖書館出版品預行編目資料

圖解無母數分析／陳耀茂編著.--初版.--臺北
　市：五南圖書出版股份有限公司, 2023.05
　面；　　公分

ISBN 978-626-343-900-9(平裝)

1.CST: 統計推論　2.CST: 統計統計分析

511.2　　　　　　　　　　112002988

5B1B

圖解無母數分析

作　　者 ― 陳耀茂（270）

發 行 人 ― 楊榮川

總 經 理 ― 楊士清

總 編 輯 ― 楊秀麗

副總編輯 ― 王正華

責任編輯 ― 張維文

封面設計 ― 姚孝慈

出 版 者 ― 五南圖書出版股份有限公司

地　　址：106台北市大安區和平東路二段339號4樓

電　　話：(02)2705-5066　　傳　　真：(02)2706-6100

網　　址：https://www.wunan.com.tw

電子郵件：wunan@wunan.com.tw

劃撥帳號：01068953

戶　　名：五南圖書出版股份有限公司

法律顧問　林勝安律師

出版日期　2023 年 5 月初版一刷

定　　價　新臺幣380元

經典永恆·名著常在

五十週年的獻禮 —— 經典名著文庫

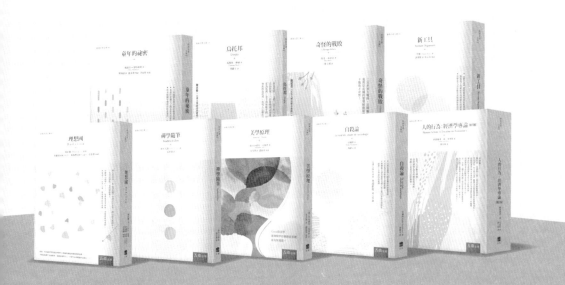

五南，五十年了，半個世紀，人生旅程的一大半，走過來了。
思索著，邁向百年的未來歷程，能為知識界、文化學術界作些什麼？
在速食文化的生態下，有什麼值得讓人雋永品味的？

歷代經典·當今名著，經過時間的洗禮，千錘百鍊，流傳至今，光芒耀人；
不僅使我們能領悟前人的智慧，同時也增深加廣我們思考的深度與視野。
我們決心投入巨資，有計畫的系統梳選，成立「經典名著文庫」，
希望收入古今中外思想性的、充滿睿智與獨見的經典、名著。
這是一項理想性的、永續性的巨大出版工程。
不在意讀者的眾寡，只考慮它的學術價值，力求完整展現先哲思想的軌跡；
為知識界開啟一片智慧之窗，營造一座百花綻放的世界文明公園，
任君遨遊、取菁吸蜜、嘉惠學子！